W0069660

Edwin Arnold
Die Leuchte Asiens

Die Leuchte Asiens

Sir Edwin Arnolds »The Light of Asia«
übersetzt in die Prosa des 20. Jahrhunderts
von Franz Langmayr

Perlinger

CIP-Kurztitelaufnahme der Deutschen Bibliothek

Arnold, Edwin Sir:

Die Leuchte Asiens : Sir Edwin Arnolds »The
Light of Asia« / übers. in d. Prosa d. 20. Jhs. von
Franz Langmayr. – Wörgl ; Perlinger, 1985

Einheitssacht.: The Light of Asia ⟨dt.⟩
ISBN 3-85399-036-3

© 1985 Perlinger Verlag Ges.m.b.H.
Brixentaler Straße 61, A-6300 Wörgl, Austria
Gesamtherstellung: Welsermühl, Wels
Alle Rechte, insbesondere die des auszugsweisen
Nachdrucks und des Vortrags, vorbehalten
ISBN 3-85399-036-3
Printed in Austria

Vorwort des Übersetzers

Die Leuchte Asiens ist kein anderer als der große edle Prinz Gautama, der die Menschheit gelehrt hat, das Leid zu überwinden, und den wir heute als den Buddha kennen. Sir Edwin Arnold erzählt uns die Lebensgeschichte des Buddha in einer dem vorigen Jahrhundert gemäßen Sprache und Versform. Diese Erzählung wird hier dem Leser erstmalig in der Prosa des 20. Jahrhunderts geboten.

Gemessen am Einfluß, den er auf das Denken der Menschen genommen hat, ist der Buddha einer der bedeutendsten Menschen aller Zeiten. Für viele Millionen Menschen ist er auch heute noch die größte Verkörperung des Göttlichen überhaupt.

»Die Leuchte Asiens« erzählt von Leben und Lehre dieses einzigartigen Menschen. Obwohl es schon im vorigen Jahrhundert verfaßt wurde, wo das gegenseitige Kennenlernen der Völker und Religionen noch viel weniger weit fortgeschritten war als heute, ist es doch viel mehr als eine bloße Beschreibung. Es ist eine tiefe Verbeugung vor der inspirierenden Kraft und der Großartigkeit des Buddha und seiner Lehre.

Menschen wie den Buddha in unserem Weltbild unterzubringen, mag für viele von uns Abendländern schwierig sein. Denn weder unsere alte »dogmatische« Religiosität noch der »aufgeklärte« Materialismus des 20. Jahrhunderts reichen aus, uns die gewaltige verändernde Kraft zu erklären, die dieser indische Prinz auf die asiatische Geschichte und auf die ganze Welt ausgeübt hat. Erst unser beginnendes Verständnis für die Religionen der Welt und für die geistige Essenz, die ihnen gemeinsam ist, verschafft uns diesen Zugang.

Jede Religion hat ihre Propheten und ihre Heiligen, und es gibt charakteristische Merkmale, die den Heiligen aller Religionen mehr oder minder gemeinsam sind. Zu diesen gehört die Suche nach der letzten, endgültigen Wahrheit und das Entdecken dieser Wahrheit – nicht im Bereich materieller Errungenschaften, sondern in der Glückseligkeit des Inneren, die am Ende eines oft langen Weges der Selbstüberwindung gefunden wird. Weitere dieser Merkmale sind ein tugendhaftes Leben, erfüllt von Liebe und Mitleid zu allem, was lebt, bis zur gänzlichen Selbstaufopferung, und das Auftreten von Wundern, einzelnen segensreichen Ereignissen, die nach den materiellen Naturgesetzen nicht erklärbar sind und die die Existenz von geistigen Naturgesetzen nahelegen, die über die materiellen hinausgehen. Und ein weiteres Charakteristikum ist das der Nachfolge, des bedingungslosen – aber niemals stumpfsinnigen – Gehorsams gegenüber einer Lehre oder einer Lehrerpersönlichkeit, deren Göttlichkeit oder Heiligkeit für den Nachfolgenden außer Zweifel steht.

Rosenheim, Oktober 1984   *Franz Langmayr*

ERSTES BUCH

Geburt und Kindheit

Dies ist der Bericht über den Retter der Welt, den Buddha, der als Prinz Siddhartha auf der Erde gelebt hat. Auf der Erde, in den Himmeln und in den Höllen hat er nicht seinesgleichen, denn er ist der Allehrwürdige, der Weiseste, Beste und Mitleidigste, der Lehrer des Gesetzes und des Nirvana.

Es geschah, daß er wiedergeboren wurde zum Wohle der Menschen.

Unterhalb der allerhöchsten Sphäre thronen die vier Beherrscher unserer Welt. Und in den Regionen darunter, die uns näher sind, aber immer noch in unermeßlicher Höhe, befinden sich die Geister der größten unter den verstorbenen Heiligen. Sie warten dort jeweils dreißigtausend Jahre, ehe sie sich wiederverkörpern.

Und von diesen war einer der Buddha. Als er wartend in jener himmlischen Region verweilte, kamen die fünf sicheren Zeichen der kommenden Wiedergeburt zu ihm. Und die Devas, die diese Zeichen erkannten, sagten: »Der Buddha zieht wieder aus, der Welt zu helfen.« »Ja«, sprach er, »zum letzten von vielen Malen ziehe ich aus, der Welt zu helfen. Denn Geburt und Tod gibt es von nun an nicht mehr für mich und ebenso nicht für alle jene, die mein Gesetz erlernen. Ich werde wiedergeboren unter den Sakyas, südlich des schneebedeckten Himalaya. Dort leben fromme Menschen unter einem gerechten König.«

In jener Nacht hatte Königin Maya, die an der Seite ihres Gatten, des Königs Suddhodana, schlief, einen seltsamen Traum. Sie sah einen rosaroten sechszackigen Stern, der wie Perlmutter leuchtete und in dessen Mitte die Zeichnung eines Elefanten mit sechs Stoßzähnen erstrahlte, weiß wie die Milch der Wunderkuh Kamadhuka. Dieser Stern schoß durch die Leere vorwärts, warf sein Licht auf die Königin, näherte sich ihr von rechts und ging in ihren Schoß ein.

Als die Königin am nächsten Morgen erwachte, war sie von der Gewißheit erfüllt, daß sie ein Kind gebären würde. Ein überwältigendes Glücksgefühl überkam sie.

Und mit ihr war die ganze Natur in festlicher Erregung. In lieblichem Lichte erglänzte der Morgen, die Bergspitzen erzitterten, die Wogen des Meeres glätteten sich, und weit öffneten die Blüten ihre Kelche.

Es war, als würde sich die Freude, die die Königin Maya erfaßt hatte, über die ganze Welt ausbreiten und jedes Dunkel erhellen. Ein geheimnisvolles Raunen war überall zu hören. »Heil euch allen«, sprach es, »euch, die ihr gestorben seid und wiedergeboren werdet, und euch, die ihr lebendig seid und sterben werdet! Hört, neue Hoffnung gibt es für euch. Der Buddha ist gekommen.«

Tiefer Friede erfüllte alle leidende Kreatur und ließ das Herz der Welt höher schlagen. Eine erquickende, frische Brise blies über Land und Meer.

Traumdeuter wurden zur Königin gerufen und brachten ihr gute Nachricht: »Gut ist dein Traum. Wenn die Sonne im Zeichen des Krebses steht, wirst du einen Sohn gebären, ein heiliges Kind voll göttlicher Weisheit, das den Menschen das Heil bringen wird. Er wird die Wahl haben, sie entweder von ihrem Wahn zu befreien oder als Herrscher über sie zu regieren.«

Als die Zeit herum war, erging sich Königin Maya um die Mittagsstunde im Garten ihres Schlosses. Gerade stand sie unter einem Balsabaum, dessen schlanker Stamm eine üppige Pracht von Blättern und Blüten trug. Da war die Stunde gekommen, da der Buddha geboren werden sollte. Alle Welt wußte das, und so wußte es auch der Balsabaum. Diensteifrig neigte er seine Zweige herab und bildete eine Laube um die Königin.

Zahllose Blumen schossen aus dem Boden hervor und formten ihr ein weiches Lager. Daneben tat sich die Erde auf, und ein Strom klaren Wassers quoll hervor, um ihr ein Bad zu bereiten. Ohne Schmerzen brachte sie das Kind zur Welt. Sein Körper war wohlgeformt und trug die zweiunddreißig Merkmale, die Glück und Segen künden.

Schnell verbreitete sich die Kunde von der segenbringenden Geburt. Eine bunte Sänfte wurde gebracht, um den Knaben in den Palast heimzuholen. Als ihre Träger waren die vier Beherrscher der Erde herbeigekommen, herabgestiegen vom Berg Sumeru – jene vier, die die Taten der Menschen auf bronzene Platten meißeln. Sie kamen aus den vier Windrichtungen. Der Beherrscher aus dem Osten kam mit einem Gefolge, das silberne Kleider anhatte und Schilde trug, die aus Perlen gemacht waren. Der Beherrscher aus dem Süden kam mit seinen Kundhas, berittenen Geistern auf blauen Hengsten mit Schilden aus Saphir. Dem Beherrscher aus dem Westen folgten die Naga-Geister auf ihren blutroten Rossen mit Schilden aus Korallen. Und der Beherrscher aus dem Norden war von seinen Yakshas umgeben, die mit ihren goldenen Schilden auf gelben Pferden saßen. Ihr Gefolge blieb unsichtbar, sie selbst aber kamen im Gewand von Trägern sichtbar herbei und ergriffen die Stangen der Sänfte, obwohl sie die mächtigsten der Götter waren.

An diesem Tag gingen die Götter freimütig an der Seite der Menschen; die Menschen sahen sie, aber sie erkannten sie nicht. Der Himmel war erfüllt von der Freude über den Segen, den die Erde erfahren hatte. Man wußte, daß der Buddha wiedergekommen war.

Der König Suddhodana wußte von all dem nichts. Die Zeichen, die er sah, gaben ihm zu denken, aber seine Traumdeuter verkündeten ihm, daß der Prinz, der ihm geboren worden war, zum Herrscher der Welt bestimmt sei. Ein solcher werde nur alle tausend Jahre geboren. Und man erkenne ihn an sieben Zeichen. Sie entsprechen Chakra-Ratna, dem göttlichen Rad; dem Edelstein Aswa-Ratna, dem stolzen Hengst, der über die Wolken eilt; Hasti-Ratna, dem schneeweißen Elefanten, der zum Tragen des Königs geboren ist; dem kundigen Minister; dem unbesiegbaren General und Istri-Ratna, der Frau von makelloser Anmut, die schöner ist als die Morgenröte. All diese Zeichen sah der König an seinem Wunderknaben.

Da befahl er ein Fest. Die Stadt sollte im Lichterglanz erstrahlen. Man säuberte die Straßen, versprühte Rosenduft und schmückte die Bäume mit Fahnen und Lichtern. Schwertkünstler und Artisten wurden aufgeboten, das Volk zu unterhalten, Gaukler, Hypnotiseure, Seiltänzer und die Nautch-Mädchen mit ihren Flitterkleidern und mit Glöckchen an ihren flinken Fußgelenken, die wie helles Lachen klingen. Es gab Umzüge von Maskierten, die in Reh- und Bärenfellen einhergingen, Tigerbändiger und Wachtelkämpfe, Spiele von Ringern, und es erklangen Trommeln und Saiteninstrumente.

Auf die Nachricht von der Geburt des Königssohnes hin kamen Kaufleute von fern her und brachten auf goldenen Traggestellen feine Tücher aus Ziegenwolle, sie brachten Narde, Jade und Türkise, Gewebe von der Farbe des Abendhimmels und Schleier, die so fein gewebt waren, daß auch zwölf Lagen von ihnen kein Gesicht zu verhüllen vermochten, sie brachten dicht mit Perlen bestickte Stoffe und Sandelholz. All diese Dinge brachten sie als Geschenke der tributpflichtigen Städte.

Der Prinz wurde Savarthasiddha, »der Allesbesitzende«, oder kurz Siddhartha genannt.

Unter den Fremden, die kamen, war auch ein Heiliger namens Asita, dessen Haar schon ergraut war. Seine Ohren, für irdische Klänge seit langem verschlossen, hatten die himmlische Melodie aufgefangen vom Gesang der Devas, der die Geburt des Buddha verkündete. Dies war geschehen, als er im Gebet unter seinem Bodhi-Baum saß. Eine wunderbare Frömmigkeit hatte Asita durch sein Alter und seine Fastenübungen erreicht. Er ging auf den König zu, der ihn ehrfürchtig begrüßte, und die Königin Maya legte ihr Kind zu seinen heiligen Füßen.

Als Asita aber den Prinzen sah, rief er aus: »Nicht so, meine Königin!« Und dann berührte er achtmal mit seinem Antlitz den Staub und sagte: »O Kind! Ich bete dich an! Denn du bist Er! Ich sehe das rosige Licht, ich sehe die Zeichen auf den Sohlen deiner Füße, wo die Zeichnung der Swastika zart angedeutet ist. Ich sehe an dir die zweiunddreißig großen Zeichen und die achtzig kleineren. Du bist der Buddha. Du wirst das Gesetz verkünden und alle Kreatur, die das Gesetz von dir vernimmt, erlösen. Nur ich werde es nicht vernehmen. Denn zu bald schon werde ich sterben, der ich mich schon so lange nach dem Tod gesehnt habe. Aber ich habe dich gesehen.

Wisse, o König« sprach er weiter, »dieser ist die Blüte auf dem Baum der Menschheit, die sich in Jahrtausenden nur einmal öffnet, aber wenn sie sich einmal öffnet, dann erfüllt sie die Welt mit dem Duft der Weisheit und mit den Honigtropfen der Liebe. Aus dem Stamm deines Königshauses erwächst ein himmlischer Lotos. Welch ein glückliches Haus! Und doch ist dein Glück nicht vollkommen. Denn dieses Knaben wegen wird ein Schwert dich durchbohren. Denn du, o edle Königin, die du allen Göttern und Men-

schen so teuer bist, weil du ihn geboren hast, du
bist von nun an zu heilig, um noch mehr zu leiden, und dieses Leben ist Leiden. Deshalb wirst
du heute in sieben Tagen schmerzlos das Ende
allen Schmerzes erleben.«

Und es geschah: Am Abend des siebten Tages
schlummerte Königin Maya lächelnd ein, um
nie mehr zu erwachen. Freudig ging sie ein in
den Trayastrinshas-Himmel, wo zahllose Devas sie anbeten und die strahlende Mutter auf-
merksam umsorgen. Für das Kindchen aber
fand man eine Ziehmutter, die Prinzessin Ma-
haprayapati. Ihre Brust spendete seinen Lippen
edle Milch, jenen Lippen, die den Welten den
Trost bringen sollten.

Als der Prinz acht Jahre alt geworden war, be-
schloß der König, ihn alles zu lehren, was ein
Prinz lernen soll, denn noch erschreckte ihn die
ungeheure Vorbedeutung jener Wunder. Es erschreckte ihn Glanz und Leid, wie das Leben
des Buddha sie mit sich bringen würde. Daher
fragte er vor dem versammelten Rat seiner
Minister: »Wer von euch bedeutenden Männern ist der weiseste, wer kann meinen Prinzen
das lehren, was ein Prinz wissen sollte?«

Da antworteten alle sofort wie mit einer einzigen Stimme: »König! Viswamitra ist der Weiseste, er ist am tiefsten eingedrungen in das Stu-
dium der Schriften, er ist der größte Gelehrte

und der beste Mann in den Künsten, er ist der
beste überhaupt.«

Man schickte nach Viswamitra, und dieser
kam, den Königssohn zu unterrichten. An einem Tag, den man dafür günstig befunden hatte, erhielt der Prinz eine Tafel aus rotem Sandelholz, die rundherum mit Edelsteinen eingefaßt
war und die man mit Schmirgelstaub glattge-
rieben hatte. Diese Tafel ergriff er und einen
Griffel, und er stand mit gesenkten Augen vor
dem Weisen, der zu ihm sagte: »Kind, schreib
mir diesen heiligen Vers!« Und der Weise
sprach langsam den Vers, den man »Gayatri«
nennt, den nur die Hochgeborenen zu hören
bekommen:

> »Om, tatsaviturvarenyam
> Bhargo devasya dhimahi
> Dhiyo yo na prachodayat.«

Dieser Vers bedeutet: »Lasset uns an Savitri
denken. Sie möge uns ihr ersehntes Licht spenden und unseren Geist wach machen.«

»Ich schreibe, mein Lehrer«, antwortete der
Prinz bescheiden, und schnell schrieb er den
heiligen Vers, aber nicht nur in einer Schrift,
sondern in vielen verschiedenen Schriften: in
Nagari, in Dakshin, Ni, Mangal, Parusha, Yava,
Tirthi, Uk, Darad, Sikhyani, Mana und Mad-
hyachar, in den Bilderschriften und Zeichen-

schriften, in den Symbolen der Höhlenmenschen und der Seevölker, in den Schriften jener, die in den Tiefen der Erde die Schlangen anbeten, in den Schriften der Anbeter des Feuers und der Sonne, der Magier und der Pfahlbautenbewohner. In all den fremdartigen Schriften aller Völker der Welt, in einer nach der anderen, schrieb er die Verse mit seinem Griffel. Und er las die Verse, die ihm der Meister vorgesagt hatte, in jeder Sprache ab.

Und Viswamitra sagte: »Jetzt ist es genug, wenden wir uns also den Zahlen zu. Nenne mir alle Zahlen bis zur Zahl Hunderttausend, die Lakh genannt wird. Beginne mit eins, zwei, drei, vier, und zähle so weiter bis zehn, und dann nenne mir jede zehnte Zahl, dann jede hundertste und dann jede tausendste.«

Darauf nannte ihm der Knabe die Ziffern, die zehnfachen Werte der Ziffern und dann ihre hundertfachen Werte. Und ohne Unterbrechung zählte er alle Zahlen auf, wie sein Lehrer es ihm aufgetragen hatte, bis er hundertausend erreichte. Aber dann sprach er im Flüsterton noch weiter: »Darauf folgen Koti, Nahut, Ninnahut, Khamba, Wiskhamba, Abab, Attata, und hierauf folgen Kumuden, Gundhikas und Utpalas und weiter von den Pundarikas bis hin zu den Padumas, mit welchen man die Körner zählen könnte, die entstehen , wenn der Berg Hastagiri zu Staub zermahlen wird. Noch größer aber sind das Katha, das man zum Zählen der Sterne braucht, die man in der Nacht sehen kann, das Koti-Katha, das die Tropfen des Ozeans zählt, das Ingga, das die krummen Bahnen berechnet, das Sarvanikchepa, das die Körner aller Sande des Ganges zu zählen vermag, bis hin zu den Antah-Kalpas, von denen eines hunderttausendmal alle Sande des Ganges erschöpft. Sucht man aber eine noch umfassendere Zahl, dann kommt man zum Asankya, das die Zahl aller Tropfen bezeichnet, die im Laufe von zehntausend Jahren in aller Welt durch den täglichen Regen herniederfallen. Und dahinter kommen die Maha-Kalpas, nach denen die Götter ihre Zukunft und ihre Vergangenheit berechnen.«

»Es ist gut, edelster Prinz«, fiel ihm der Weise ins Wort, »wenn du das alles weißt, muß ich dich dann noch die Längenmaße lehren?«

Darauf antwortete der Knabe bescheiden: »Mein Lehrer, bitte höre mich. Zehn Paramanus machen ein Parasukshma, und zehn von diesen wiederum machen eine Trasarene, und sieben von diesen geben die Länge eines Staubkorns, das im Sonnenstrahl sichtbar wird. Sieben von diesen wiederum ergeben die Länge des Schnurrhaares einer Maus, und zehn von diesen ergeben eine Likhya. Zehn Likhyas machen

eine Yuka. Zehn Yukas ergeben die Länge des
Keimlings in einem Gerstenkorn, von der man
aber sagt, daß sie siebenmal so groß ist wie die
Taille einer Wespe. Und darauf folgen das Korn
des Mung, das Senfkorn und das Gerstenkorn.
Zehnmal diese Länge ergibt die Länge eines
Fingerglieds, zwölfmal die Länge eines Fingerglieds ergibt die Spanne einer Hand. Und von da
kommen wir zu der Elle, dem Klafter, der Bo-
genlänge und der Lanzenlänge. Zehn Lanzen-
längen ergeben einen Atemzug, das ist jene
Strecke, die ein Mensch während eines einzigen Atemzuges zurücklegen kann. Ein Gow
umfaßt 40 Atemzüge, und das Vierfache von
diesem ist eine Yojana. Und wenn es Euch ge-
fällt, Meister, dann will ich Euch jetzt sagen,
wie oft die Länge eines Sonnenstäubchens in einer Yojana enthalten ist.«
Und der kleine Prinz nannte ohne zu zögern die
richtige Zahl.
Als Viswamitra dies hörte, fiel er vor dem Knaben auf sein Angesicht nieder und rief: »Du bist
der Lehrer deiner Lehrer. Du bist der Lehrer,
nicht ich. Ich bete dich an, mein holder Prinz.
Du kommst zu meiner Schule, nur um mir zu
zeigen, daß du ohne die Bücher alles schon
weißt und daß du daneben noch edle Beschei-
denheit besitzt.«
Mit Ehrfurcht behandelte Buddha alle seine

Schulmeister, obwohl er viel mehr Gelehrsamkeit besaß als sie. Seine Rede war wahr und edel, und sie war weise. Er hatte die Würde eines Prinzen, aber sein Wesen war sanft, er war bescheiden, freundlich und zart besaitet. Und er war ohne Furcht. Keinen kühneren Reiter gab es unter den Jungen als ihn, wenn es galt, fröhlich die scheuen Gazellen zu jagen. Keiner lenkte kühner den Wagen als er im Wettstreit in den Höfen des Schlosses. Und doch hielt er oft mitten im Spiel inne und ließ ein Tier entkommen oder verzichtete auf den Sieg eines schon halb gewonnenen Wettkampfes, wenn seine angestrengten Rosse mühsam nach Atem rangen, wenn es einem seiner prinzlichen Gefährten schwer fiel, die Niederlage zu ertragen, oder wenn ein sehnsuchtsvoller Traum durch seine Gedanken ging.

Und mit den Jahren wuchs das Mitleid unseres Herrn, so wie ein großer Baum aus zwei kleinen Blättern erwächst, ehe er endlich weithin seinen Schatten spendet. Aber noch wenig wußte der Knabe von Sorge, Schmerz und Tränen. Das waren für ihn seltsame Namen von Dingen, die Könige nicht fühlten und auch nicht fühlen sollten.

Doch dann geschah es an einem Frühlingstag im königlichen Garten, daß sich eine Herde wilder Schwäne auf ihrem Zug nach Norden hin zu den Nistplätzen am Fuße des Himalaya vorbeibewegte. Sie sangen von ihrer Liebe, als sie in schneeweißem Zug dahinglitten. Die Liebe zeigte ihnen den Weg.

Da spannte Devadatta, der Vetter des Prinzen, seinen Bogen und schoß mutwillig einen Pfeil ab, der den weitspannenden Flügel des vordersten Schwanes durchbohrte. Der Schwan stürzte zu Boden, und rotes Blut befleckte sein weißes Federkleid.

Als Prinz Siddhartha das sah, hob er den Vogel zärtlich auf und legte ihn in seinen Schoß. Mit gekreuzten Beinen saß er da, in der Stellung, die wir als die des Buddha kennen. Zart besänftigte er das Tier und nahm ihm seine Furcht. Er ordnete sein zerzaustes Gefieder und brachte sein angstvoll klopfendes Herz zur Ruhe. Die Hand des Prinzen war so weich wie das zarte neue Blatt einer Platane, die sich soeben entrollt hat. Und mit dieser sanften, milden Hand liebkoste er den Schwan, bis er sich beruhigte. Dann hielt er den Schwan mit der linken Hand fest, zog mit der rechten den schneidenden Stahl mit großem Geschick heraus und legte kühlendes Laub und heilkräftigen Honig auf die Wunde.

Schmerz war dem Prinzen fremd. Deshalb drückte er sich in kindlicher Neugier die Pfeilspitze in sein eigenes Handgelenk. Und entsetzt fuhr er zurück, weil der Schmerz des Stiches ihn erschreckte. Mit Tränen in den Augen wandte er sich aufs neue dem Schwan zu.

Da kam ein Diener zu ihm und sagte: »Diesen Schwan, der hier in die Rosen gefallen ist, hat mein Herr erlegt. Ich soll Euch bitten, ihm diesen Schwan herauszugeben. Wollt Ihr das tun?«

»Nein!« rief Siddhartha. »Wenn der Vogel tot wäre, dann wäre es richtig, ihn seinem Schlächter zu überlassen. Aber dieser Schwan lebt. Mein Vetter hat nur die wunderbare Bewegungskraft getötet, die diesen weißen Flügel zum Schlagen gebracht hat.«

Da sprach Devadatta zu ihm: »Die wilde Kreatur, ob lebendig oder tot, gehört dem, der sie bezwungen hat. Der Schwan gehört niemandem, solange er sich durch die Lüfte bewegte, aber da er nun herabgefallen ist, gehört er mir. Gib mir, was mein ist, mein edler Vetter.«

Da drückte unser Herr den Nacken des Schwanes an seine Wange und sprach sehr ernsthaft: »Ich sage nein. Der Vogel gehört mir. Er ist das erste von Milliarden von Geschöpfen, die mir gehören werden, durch das Recht des Erbarmens und durch das Gesetz der Liebe. Denn jetzt weiß ich durch das, was mich im Inneren bewegt, daß ich die Menschen das Mitleid lehren soll, als Herold einer Welt, die nicht sprechen kann, um die ungeheure Flut des Leidens zu lindern, das alle Kreatur befallen hat, nicht nur die Menschen. Aber wenn mein Vetter mir widerstreitet, dann wollen wir die Entscheidung den Weisen überlassen und sie um ihren Urteilsspruch ersuchen.«

So geschah es. Vor dem versammelten königlichen Rat wurde die Sache vorgetragen. Viele gaben dem einen recht und viele dem anderen. Bis schließlich ein unbekannter Priester aufstand und sagte: »Wenn das Leben selbst ein Gegenstand ist, dann gehört ein lebendiges Geschöpf eher dem, der sein Leben rettet, als dem, der es zu zerstören versucht hat. Denn wer es zerstört, der bringt es zum Verschwinden. Wer es aber achtet, der sorgt für seine Erhaltung. Gebt diesem den Vogel.«

Alle fanden dieses Urteil gerecht. Als aber der König diesem weisen Mann Ehre erweisen wollte, da war er nicht mehr zu finden. Einer aber sah eine Schlange davongleiten. In dieser Gestalt zeigen sich oft Götter. Und so begann der Buddha, sein Werk der Erbarmung zu wirken. Aber er kannte noch nicht mehr von dem Leid als das Leid dieses einen Vogels, der geheilt wurde und freudig zu den Seinen zurückkehrte. Dann aber, an einem anderen Tag, sagte der König zu ihm: »Komm mit mir, mein holder Sohn, und betrachte die Schönheit des Frühlings, in der sich die Fruchtbarkeit der Erde entfaltet, was später die reiche Ernte ermöglicht. So ernährt mein Königreich alle seine Münder und füllt auch die Schatztruhe des Königs. Dieses Königreich wird dir gehören, wenn mein Körper einst auf dem Scheiterhaufen verbrannt sein wird. Schön ist die Frühlingszeit. Sie bringt neue Blätter, leuchtende Blüten und grünes Gras hervor, und sie ist auch die Zeit, da der Boden umgepflügt wird.«

So ritten sie zwischen Brunnen und Gärten dahin, wo Ochsen auf dem roten lehmigen Boden mit starken Schultern das Joch bewegten, das den Pflug zog. Die Pflugschar hob die fruchtbare Erde hoch und ließ sie in glatten dunklen Wellen zurückfallen. Die Bauern stellten sich mit beiden Füßen auf die Pflugschar, um die Furche tief zu machen. Zwischen den Palmen erklang das Murmeln eines Baches, den die freudige Erde mit Balsampflanzen und Halmen von Zitronengras eingesäumt hatte.

Anderswo machten sich Säleute an ihre Arbeit, der ganze Wald widerhallte vom Gesang der Vögel, und im Unterholz regte sich das Leben der kleinen Tiere, der Eidechsen, der Bienen und der Käfer.

Alle freuten sich über den Frühling. Die Gefieder der Kolibris leuchteten durch die Zweige der Mangobäume, und der laute Specht arbeitete in seiner grünen Werkstatt. Bienenfresser versuchten im Sturzflug, purpurrote Schmetterlinge zu fangen. Eichhörnchen jagten über den Boden, und die Vögel von der Art der sieben braunen Schwestern schwatzten im dornigen Gebüsch. Der Vogel, den man Königsfischer nennt, schwebte über dem Weiher, die Störche stolzierten zwischen den Büschen umher, die Geier kreisten in der goldenen Luft, und um die bemalten Tempel flogen die Pfauenvögel. Der Ruf der blauen Tauben erscholl von allen Brunnen her, und von fern verkündeten die Trommeln eines Dorfes ein Hochzeitsgelage. Alle Geschöpfe sprachen von Frieden und Wohlstand.

Der Prinz sah es und hatte seine Freude daran.

Aber als er genauer hinsah, sah er auch die Dornen, die unter den Rosen des Lebens wachsen. Er sah, wie sich die braungebrannten Landarbeiter für ihren Lebensunterhalt plagen mußten und wie sie die großäugigen Ochsen durch die Mittagshitze trieben, indem sie ihre samtenen Flanken mit der Peitsche traktierten. Und er sah auch, wie sich die Eidechsen von Ameisen ernährten, die Schlangen von Eidechsen und die Geier von beiden. Er sah, wie der Fischadler dem Königsfischer die Beute wieder abnahm, die dieser ergriffen hatte. Er sah, wie der Würgervogel die Nachtigall jagte, die selbst wieder hinter den juwelengleichen Schmetterlingen her war. Überall wurde einer erschlagen, der selbst erschlug, und das von einem, der selbst wieder erschlagen wurde. Das Leben war Leben zum Tod. Der schöne Anschein verbarg eine riesige, grimmige Verschwörung von gegenseitigem Mord, vom Wurm bis zum Menschen, und die Menschen töteten einander.

Prinz Siddhartha seufzte, als er sah, wie der hungrige Mann hinter dem Pflug seine Tiere antrieb, denen das schwere Joch die Haut aufscheuerte, und wie der Wunsch, am Leben zu bleiben, alles Leben zum Kampf machte.

»Ist das die glückliche Erde, die zu sehen man mich hierhergebracht hat?« rief er aus. »Wie ist doch des Landmanns Brot vom Salz des Schweißes bedeckt, wie schwer ist die Arbeit dieser Ochsen, und wie wild ist in der freien Natur der Kampf zwischen stark und schwach, und welche Kämpfe spielen sich in den Lüften ab! Nicht einmal das Wasser bietet Sicherheit. Geht alle ein wenig zur Seite und laßt mich über das, was ihr mir zeigt, nachdenken!«

So sprach der edle Buddha. Er setzte sich unter einem Jambu-Baum nieder, mit gekreuzten Beinen, wie die Statue eines Heiligen, und begann über diese tiefe Krankheit des Lebens zum erstenmal zu meditieren. Was war ihre eigentliche Ursache, und wie konnte man sie heilen?

Er wurde von so großem Mitleid erfüllt, von einer so riesigen Liebe zu allem Lebendigen und von einer solchen Sehnsucht, den Schmerz der Kreatur zu heilen, daß sein königlicher Geist in die Ekstase einging. Befreit von der sterblichen Bindung an die Sinne und an das eigene Selbst, erlangte der Knabe in diesem Augenblick den Zustand, den man Dhyana nennt und der der erste Schritt auf dem großen Weg ist.

Hoch über ihm schwebten zu dieser Stunde fünf heilige Wesen. Als sie über den Baum hinwegschweben wollten, fühlten sie sich in ihrem Flug plötzlich angehalten. »Welch hohe Macht behindert unseren Flug?« fragten sie, denn Geister vermögen alle göttlichen Kräfte zu fühlen, und sie wissen um die heilige Gegenwart reiner Seelen. Sie sahen also herab und erkannten den Buddha, den ein rosafarbener Schein wie eine Krone umgab. Sie sahen, daß seine Aufmerksamkeit auf den Gedanken gerichtet war, die Kreatur zu erlösen. Da erscholl aus der Tiefe eine Stimme, die rief: »Ihr Rishis! Er ist es, der der Welt Hilfe bringen wird. Kommt herab und betet ihn an.« Und so kamen die Lichtgestalten herab und sangen dem Buddha mit gefalteten Flügeln ein Loblied. Dann machten sie sich wieder auf die Reise, um den Göttern die frohe Botschaft zu überbringen.

Ein Bote des Königs suchte den Prinzen. Er fand

ihn immer noch tief in Gedanken versunken, obwohl der Mittag schon vorüber war und die Sonne den Hügeln des Westens zueilte. Trotzdem sich alle Schatten durch den veränderten Sonnenstand bewegt hatten, war der Schatten des Jambu-Baumes an der Stelle geblieben, wo der Buddha saß. Er schützte sein heiliges Haupt vor den sengenden Strahlen. Und der Diener, der dies sah, hörte eine Stimme, die von den rosafarbenen Apfelblüten zu kommen schien, die sagte: »Störe den Sohn deines Königs nicht! Mein Schatten wird so lange bei ihm verweilen, bis der Schatten, der es umwölkt, sein Herz verläßt.«

ZWEITES BUCH

Buddha und Yasodhara

Als der Buddha achtzehn Jahre alt geworden war, befahl der König, daß drei stattliche Häuser gebaut würden: eines aus quadratischen Blöcken mit einer Verkleidung aus Zedernholz als warme Zuflucht für die Tage des Winters, eines aus buntem Marmor als kühler Schutz vor der Sommerhitze und eines aus gebrannten Ziegeln, mit blauen Fliesen bedeckt, als angenehmer Aufenthalt für die Tage der Aussaat, wenn der Jasmin blüht. Diese Behausungen erhielten die Namen Subha, Suramma und Ramma. Um sie herum blühten wunderbare Gärten mit wilden Bächen und duftendem Unterholz, mit strahlenden Pavillons und üppigem Rasen. Dort konnte sich Prinz Siddhartha nach Herzenslust ergehen. Jede Stunde brachte ihm neue freudige Erlebnisse. Schöne Stunden erlebte er da. Sein Leben war reich an Abwechslung, gerade als sein jugendliches Herz am schnellsten schlug. Und doch kamen die Schatten seiner Meditation immer wieder zurück, so wie die ziehenden Wolken den Silberglanz eines Sees trüb machen können.

Das fiel dem König auf. Er rief seine Minister zusammen und sagte zu ihnen: »Bedenkt die Worte des alten Sehers! Und bedenkt die Worte meiner Traumdeuter! Dieser Knabe ist mir teurer als das Blut in meinem Herzen. Er soll über alle herrschen und seinen Fuß auf den Nacken all seiner Feinde setzen. Ein König der Könige soll er sein, oder – und das fühle ich in meinem Herzen – er wird den traurigen und bescheidenen Weg der Selbstverleugnung und der fromm ertragenen Schmerzen gehen, um, nachdem er alles verloren hat, was zu behalten sich lohnt, etwas zu erringen – aber wer weiß, was das ist?

Denn darauf sind seine sehnsüchtigen Augen gerichtet, auch jetzt noch, da er sich in den Palästen aufhält, die ich für ihn habe bauen lassen. Aber ihr seid weise und ihr werdet mich beraten. Wie können seine Füße auf jene stolze Straße gelenkt werden, auf der er gehen soll? Wie können sich all die guten Vorzeichen bewahrheiten, die da sagen, er würde die Erde beherrschen, wenn er sich für das Herrschen entscheiden würde?«

Darauf antwortete der älteste der Minister: »Großer König, die Liebe wird seine gelegentlichen Anflüge von schlechter Laune vertreiben. Umgebt sein müßiges Herz mit der Macht, die vom Seufzen einer Frau ausgeht. Was weiß denn dieser edle Knabe bis jetzt von Schönheit? Kennt er Augen, die den Himmel vergessen machen, und kennt er den Balsam der Lippen? Fin-

det ihm süße Frauen und hübsche Spielgefähr-
tinnen! Eherne Ketten können die Gedanken
eines Mannes nicht binden. Aber das Haar
eines Mädchens vermag dies mit Leichtig-
keit.«

Alle gaben ihm recht. Und der König antwortete: »Oft macht Liebe blind. Aber wenn wir Ge-
fährtinnen für ihn aussuchen und es ihm überlassen, sie wie Blumen im Garten zu pflücken,
dann wird er nur lächeln und auf seine süße Art
von der Freude zurückscheuen, die er nicht
kennt.«

Darauf sagte ein anderer: »Der Barasingh-
Hirsch bewegt sich so lange, bis ihn der Pfeil
trifft, der sein Schicksal bedeutet. Auch für den
Prinzen wird – ebenso wie für jeden einfachen
Menschen – der Liebreiz eines Gesichtes das
Paradies bedeuten. Auch für ihn wird es eine
Gestalt geben, die ihm schöner erscheint als die
blasse Morgenröte, wenn sie die Welt erweckt.
Tut dies, mein König: Befehlt ein Fest, wo sich
die Jungfrauen des Königreiches an Jugend und
Anmut miteinander messen sollen und in den
Spielen, die im Volke der Sakyas gebräuchlich
sind. Laßt dann den Prinzen den Schönen ihre
Preise überreichen. Und wenn dann die Siege-
rinnen an seinem Sitz vorbeiziehen, dann sollen einige ihn beobachten, bei welcher von ihnen die ständige Traurigkeit von seinem zarten

Gesicht weicht. So können wir seine Liebe er-
wählen, durch der Liebe eigene Augen. Und wir
können seine Hoheit zum Glück überlisten.«
Dieser Vorschlag erschien allen gut. Herolde
gingen aus und luden die jungen und schönen
Frauen ein, zum Palast zu kommen. Denn man
hatte ein Freudenfest befohlen, und der Prinz
selbst sollte die Preise verteilen. Eine jede würde reich bedacht werden, die Schönste aber am
reichsten.
So versammelten sich die Jungfrauen aus dem
Land der roten Erde am Tor des Palastes. Das
dunkle Haar einer jeden war frisch gekämmt
und gebunden. Ihre Augen waren mit Antimon
gefärbt. Sie kamen frisch aus dem Bad, einge-
hüllt in den Duft kostbarer Essenzen. Alle trugen sie Schals und Kleider, die mit heiteren
Stoffmustern bedruckt waren. Ihre schlanken
Hände und Füße waren frisch mit roter Farbe
bemalt, und hell erglänzten die Tilak-Zeichen
auf ihrer Stirn. Es war ein schöner Anblick, all
diese indischen Mädchen langsam am Thron
vorbeigehen zu sehen, ihre großen schwarzen
Augen auf den Boden gerichtet – denn der Anblick des Prinzen brachte ihre Herzen noch
schneller zum Schlagen als ihre Ehrfurcht vor
seiner Majestät dem König.
Nur der Prinz war ohne Leidenschaft. Freundlich sah er sie an, aber es war, als wäre er über

ihnen allen. Jedes der Mädchen übernahm mit gesenkten Lidern sein Geschenk, furchtsam, ihn anzublicken. Auch wenn die eine noch lieblicher war als die andere und noch eines Lächelns des Prinzen wert, so stand auch sie wie eine furchtsame Antilope, wagte sich kaum, die Hand des Prinzen zu berühren, und floh dann zurück zu den anderen, zitternd über die ihr erwiesene Ehre: so göttlich erschien er, so hoch und heilig und über die Welt erhaben. So gingen sie alle an ihm vorbei, eine strahlende Jungfrau nach der anderen, die Blüten der Jugend ihrer Städte.

Der Vorbeizug der Schönen ging gerade zu Ende. Alle Preise waren verteilt, als zuletzt die junge Yasodhara vor den Prinzen trat. Die, die in der Nähe von Siddhartha standen, sahen, wie der Prinz erschauerte, als das strahlende Mädchen sich ihm nahte. Himmlisch war ihre Gestalt, und sie schritt einher wie Parvati, Shivas Gemahlin. Ihre Augen waren wie die der Hindin, wenn sie Liebe empfindet. Ihr Gesicht war so schön, daß Worte den Zauber nicht beschreiben können, der von ihm ausging. Und sie als einzige erhob ihren Blick voll zu den Augen des Prinzen. Sie hatte die Handflächen überkreuzt auf die Brust gelegt. Ihren Kopf neigte sie nicht.

»Gibt es ein Geschenk für mich?« fragte sie und lächelte.

»Die Geschenke sind alle weggegeben«, antwortete der Prinz, »doch nimm statt dessen dies, meine teure Schwester, deren Anmut auch unserer glücklichen Stadt zur Zierde gereicht.« Mit diesen Worten löste er sein smaragdenes Halsband und legte die grünen Juwelen um ihre dunkle Hüfte, die weich war wie Seide. Ihre Augen tauchten ineinander, und Liebe entsprang ihrem Blick.

Lange danach, als der Buddha schon seine volle Erleuchtung gefunden hatte, wurde er gefragt, warum sich sein Herz beim ersten Anblick dieses Sakya-Mädchens entzündet hätte. Da antwortete er: »Wir waren einander nicht fremd, wie es uns selbst und den anderen erschien. In längst vergangener Zeit spielte in der Nähe der Jamuna, wo der Nandadevi steht, ein Jägerssohn mit den Waldmädchen. Er spielte den Schiedsrichter, als die Mädchen unter den Tannen um die Wette liefen, gleich Hasen, die am Abend spielend im Kreis laufen. Die eine krönte er mit Blütensternen, die andere mit den langen Federn des Fasans und des Dschungelhahns und wieder eine andere mit Tannenzapfen. Aber die, die zuletzt lief, war für ihn die Erste, und ihr gab der Knabe ein gezähmtes Huhn und dazu die Liebe seines Herzens.

Viele glückliche Jahre lebten sie zusammen in diesem Wald, bis an ihr Ende. Und so wie ein verborgener Same auch nach mehreren regenlosen Jahren immer noch keimen kann, so kommen auch alles Gute und Üble, aller Schmerz und alle Freude, aller Haß und alle Liebe und alle vergangenen Taten wieder zum Vorschein und erzeugen wieder entsprechend helle Früchte oder dunkle, süße oder saure. Ich war dieser Jägerssohn, und sie war Yasodhara. Und so wie sich das Rad von Geburt und Tod im Kreis dreht, so mußte auch das, was zwischen uns war, wieder Gestalt annehmen.«

Die, die den Prinzen bei der Verteilung der Geschenke beobachtet hatten, sahen und hörten alles und erzählten dem besorgten König, wie Siddhartha unbeteiligt dagesessen war, bis dann Yasodhara, die Tochter des großen Suprabuddha, gekommen war. Und sie erzählten ihm, wie er sich bei ihrem Anblick plötzlich verändert, wie er sie und sie ihn angeblickt hatte, wie er ihr Juwelen geschenkt hatte und was die sprechenden Blicke der beiden ausgedrückt hatten.

Der König war erfreut und lächelte: »Seht«, sagte er, »wir haben etwas gefunden, was ihn lockt; sehen wir nun dazu, wie wir damit unseren Falken dazu bewegen können, aus den Wolken herunterzukommen. Laßt Boten aussenden, die um diese Frau werben sollen, als Gemahlin für meinen Sohn!«

Aber es war bei den Sakyas ein Gesetz, daß jeder, der eine schöne und begehrenswerte Tochter aus einem vornehmen Haus zur Frau haben wollte, zuerst seine Geschicklichkeit in den Künsten des Kampfes gegen alle anderen Bewerber unter Beweis stellen mußte, die ihn dazu herausforderten. Von dieser Sitte wich man auch dann nicht ab, wenn der Bewerber ein König war. Deshalb sagte der Vater des Mädchens: »Sagt dem König, meine Tochter wird von Prinzen von nahe und fern umworben. Aber wenn sein holder Sohn den Bogen besser spannen, das Schwert besser schwingen und ein Pferd besser meistern kann als diese, dann ist er der Beste von allen, und dann ist er auch der Beste für uns. Aber wie soll das geschehen bei seiner träumerischen Lebensart?«

Als der König dies hörte, wurde ihm das Herz schwer, denn er war überzeugt, daß die Werbung seines holden Sohnes um die schöne Yasodhara vergeblich war. Denn Devadatta war der Beste im Bogenschießen, Arjuna war es, der aller feurigen Hengste Herr wurde, und Nanda war der Beste im Schwertkampf.

Aber der Prinz lachte nur und sagte: »Auch diese Dinge habe ich gelernt. Verkünde es allen, daß dein Sohn alle Herausforderungen annimmt. Ich glaube nicht, daß ich wegen solcher Spiele meine Liebe verlieren werde.« Und so wurde verkündet, daß Prinz Siddhartha gegen alle kämpfen wollte, die sich mit ihm in den Künsten der Männer messen wollten. Die Spiele sollten in sieben Tagen stattfinden, und Yasodhara sollte die Krone für den Sieger sein.

Diesem Aufruf folgend, begaben sich am siebten Tag die Herren der Städte und Länder des Sakya-Volkes in die Heimatstadt jener Frau. Und auch diese kam, umgeben von ihrem Gefolge. Zierlich geschmückt wie eine Braut wurde sie getragen, Musikanten begleiteten sie und Ochsen mit goldenen Hörnern, denen man Blumenkränze umgehängt hatte.

Devadatta, der selbst aus dem königlichen Geschlecht stammte, begehrte sie zur Frau und ebenso die Edlen Nanda und Arjuna. Als die Blüte der Jugend erschienen sie – bis der Prinz auf seinem weißen Pferd Kantaka kam, welches wieherte, als wäre es erstaunt über diese große, seltsame Welt hier draußen. Auch Siddhartha betrachtete die im Reich seines Vaters geborenen Menschen mit verwunderten Augen. Sie wohnten nicht wie Könige, sie aßen nicht wie sie, und doch waren sie ihm so ähnlich in ihren Freuden und Leiden. Als der Prinz aber die schöne Yasodhara sah, da lächelte er strahlend, zog die seidenen Zügel seines Pferdes fest, sprang von Kantakas breitem Rücken zur Erde und sprach: »Nur der Würdigste ver-

43

dient diese Perle zur Frau. Wenn meine Rivalen behaupten, daß es zu kühn von mir war, sie zu begehren, dann sollen sie das beweisen.«

Da kam Nanda und forderte ihn zum Wettschießen mit Pfeil und Bogen heraus. Als Ziel setzte er sich eine eherne Trommel, die sechs Gow entfernt aufgestellt wurde. Auch Arjuna stellte sein Ziel in einer Entfernung von sechs Gow auf. Devadatta wählte eine Entfernung von acht Gow. Da befahl Siddhartha, daß sein Ziel in einer Entfernung von zehn Gow von der Linie des Abschusses aufgestellt werde, so daß es in der Entfernung so klein erschien wie eine Kaurimuschel. Dann schossen sie ihre Pfeile ab. Nanda durchbohrte sein Ziel und Arjuna das seine. Devadattas wohlgezielter Pfeil durchbohrte beide Wandungen der ehernen Trommel, die sein Ziel war. Die Menge brach in Rufe des Erstaunens aus.

Die holde Yasodhara zog sich ihren goldenen Sari über die ängstlichen Augen – sie wollte nicht sehen, wie der Pfeil des Prinzen sein Ziel verfehlte. Dieser aber nahm seinen Bogen auf. Der Bogen war aus lackiertem Rohr, mit Silberdraht umwickelt, und hatte eine geflochtene Bogensehne. Nur starke Arme konnten ihn eine Spanneweit öffnen. Er lachte und spannte den Boden so weit, bis die Hörner sich berührten.

Da zerbrach der Bogen, und der Prinz sprach: »Das ist ein Spielzeug, nicht geeignet für einen Wettkampf um Liebe. Hat niemand einen Bogen, der den Herren der Sakyas eher angemessen ist als dieser?«

Darauf sagte einer: »Da ist noch der Bogen des Sinhahanu. Seit Menschengedenken liegt er im Tempel. Aber niemand kann ihn verbiegen, um eine Bogensehne einzuhängen. Und selbst wenn einer das könnte, so könnte ihn doch hernach niemand spannen.«

»Das ist eine Waffe für einen Mann!« rief der Prinz aus. »Bringt sie her!«

Und sie brachten diesen alten Bogen, der aus schwarzem Stahl gemacht war und an seinen verzweigten Enden Goldverzierungen trug, die wie das Gehörn eines Büffels aussahen. Zweimal untersuchte Siddhartha seine Festigkeit, indem er ihn über sein Knie bog. Dann sprach er: »Schießt jetzt mit diesem, meine Vettern!«

Aber sie waren nicht imstande, die Enden der mächtigen Waffe auch nur um eine Handbreit einander näher zu bringen. Der Prinz aber neigte sich leicht zurück und spannte den Bogen, er hängte die Bogensehne in die dafür vorgesehene Kerbe ein, spannte sie scharf an und ließ sie singend zurückschnellen. Wie der Flügel eines Adlers durchschnitt sie die Luft und gab einen so

lauten und klaren Ton von sich, daß sich die
Menschen im weiten Umkreis ängstlich fragten, was das für ein Laut sei. Und man antwortete ihnen: »Das ist der Klang von Sinhahanus
Bogen, den der Sohn des Königs bespannt hat
und mit dem er jetzt schießen wird.«

Dann ergriff der Prinz einen schön geformten
Pfeil, spannte den Bogen und ließ den Pfeil fliegen. Und der Pfeil flog durch den Himmel und
traf genau die in der größten Entfernung aufge-
stellte Trommel, doch sein Flug war dort noch
nicht zu Ende, sondern er bewegte sich weiter
über die Ebene hin bis jenseits des Horizonts.

Hierauf forderte Devadatta den Prinzen zum
Schwertkampf heraus. Er spaltete einen sechs
Finger dicken Talas-Baum. Hierauf spalteten
auch Arjuna und Nanda Talas-Bäume. Der von
Arjuna war sieben Finger dick und der von Nan-
da neun.

Siddhartha aber begab sich an eine Stelle, wo
zwei solche Stämme nebeneinander wuchsen,
und mit einem blitzartigen Streich durchschnitt er sie beide. Sein Streich war so eben-
mäßig geführt, daß die Bäume auf den Strünken
stehenblieben. Nanda rief aus: »Er ist abge-
glitten!«

Und die Jungfrau erzitterte erneut, als sie sah,
wie die Bäume noch aufrecht standen. Aber die
Götter der Luft hatten zugesehen. Sie ließen

eine leichte Brise von Süden her kommen, und da fielen die Kronen der beiden Bäume zugleich in den Sand. Da sah man, daß ihr Stamm mit einem scharfen Schnitt abgetrennt worden war.

Hierauf wurden die Hengste gebracht; sie stammten aus vornehmer Zucht und waren von rassiger Wildheit. Dreimal liefen sie um den Kampfplatz herum. Besonders fiel der weiße Kantaka auf, der auch die schnellsten der übrigen weit hinter sich ließ. Zwanzig Speerlängen lief er in der Zeit, die der Schaum aus seinem Mund brauchte, um zur Erde zu fallen.

»Auch wir können gewinnen«, sprach Nanda, »mit einem Pferd wie Kantaka. Nehmt aber ein ungezähmtes Pferd, und laßt uns sehen, wer am besten zureiten kann.«

Da brachten die Knechte einen Hengst, so schwarz wie die Nacht, der von drei Ketten gehalten werden mußte. Seine Augen waren wild, seine Nüstern weit, seine Mähne sträubte sich. Es war noch nicht beschlagen und trug keinen Sattel. Denn kein Reiter noch hatte ihn je bestiegen. Dreimal versuchte jeder Bewerber, auf seinen mächtigen Rücken zu springen, aber der feurige Hengst ging erzürnt hoch und warf sie schändlich in den Staub.

Nur Arjuna konnte eine Weile auf seinem Rükken sitzen bleiben; er ließ dem Hengst die Ketten lösen, schlug ihn mit der Peitsche, schüttelte das Zaumzeug und führte so mit Meisterhand den stolzen Hengst, daß dieser in wilder Wut und Angst schon halb gezähmt in einem großen Kreis um den Kampfplatz galoppierte. Aber plötzlich wandte er den Kopf, packte Arjunas Fuß mit den Zähnen, zog ihn aus dem Sattel und hätte ihn sicherlich getötet, wenn nicht die Knechte herbeigeeilt wären, um die wütende Bestie festzuhalten.

Da riefen alle: »Laßt Siddhartha nicht mit diesem bösen Geist kämpfen, denn sein Temperament ist wie ein wilder Sturm, und sein Blut ist wie rotes Feuer.«

Aber der Prinz sagte: »Nehmt ihm die Ketten ab, ich nehme nur seine Stirnlocke.« Und diese hielt er mit ruhigem Griff fest und sprach leise einige Worte. Seine rechte Hand legte er dem Hengst auf die Augen und fuhr ihm zärtlich über das wutverzerrte Gesicht. Und er strich ihm über den Nacken und über die von dem schweren Atem bebenden Flanken. Erstaunt sahen alle rundum, wie das rabenschwarze Pferd seinen wilden Kopf niederbeugte und in bescheidener Ergebenheit dastand, als würde es Siddhartha als seinen Herrn erkennen und anbeten. Der Hengst rührte sich auch nicht, als Siddhartha auf seinen Rücken stieg, und er gehorchte dann auch fehlerlos jeder Berührung

durch Knie und Zügel des Reiters. Das geschah
vor den Augen der Menge, und alle sagten: »Bemüht euch nicht länger, denn Siddhartha ist der
Beste.« Und alle Herausforderer antworteten:
»Er ist der Beste.«
Da sprach Suprabuddha, der Vater des Mädchens: »Es war unser Herzenswunsch, daß du
der Bestes sein mögest. Du bist uns der Teuerste. Welche Magie aber lehrte dich inmitten
deiner Rosen und deiner Träume mehr von den
Tugenden des Mannes, als Kriegszüge, Jagden
und weltliches Streben es lehren könnten?
Nimm, schöner Prinz, den Schatz, den du dir
gewonnen hast!«
Und auf ein Wort von ihm erhob sich das liebliche Mädchen von seinem Platz oberhalb des
Thrones, nahm eine Krone aus Mogra-Blüten,
zog mit einer leichten Handbewegung den
Schleier, der von schwarzer und goldener Farbe
war, von ihrem Gesicht und schritt stolz an der
Reihe der Jünglinge entlang, bis sie zu Siddhartha kam, der in göttlicher Anmut vor ihr stand.
Lichtvoll hob sich seine Gestalt von dem raben-
schwarzen Hengst, der seinen starken Nacken
zutraulich unter den Arm des Prinzen gebeugt
hatte. Tief verneigte sich die Schöne vor dem
Prinzen und zog den Schleier von ihrem Gesicht, das vor freudiger Liebe strahlte. Einen
duftenden Kranz legte sie ihm um den Nacken,

und sie schmiegte ihren schönen Kopf an seine Brust. Dann neigte sie sich zu Boden, um seine Füße zu berühren, und mit stolzem, freudigem Blick sagte sie: »Mein teurer Prinz, sieh mich an, ich bin dein!«

Und die Menge jauchzte, als sie zusammen an ihr vorüberschritten, Hand in Hand, ein Herz und eine Seele, nachdem Yasodhara den schwarz-goldenen Schleier wiederum vor ihr Gesicht gezogen hatte.

Lange danach, als der Buddha schon seine Erleuchtung erlangt hatte, fragten ihn seine Jünger, warum Yasodhara damals diesen schwarz-goldenen Schleier getragen hatte und so stolz einhergeschritten war. Und der Erhabene antwortete: »Ich wußte nicht, warum es so war, und doch erschien es mir, als wüßte ich es zum Teil. Wenn das Rad von Geburt und Tod sich dreht, an Dingen und Gedanken vorbei, dann kommt die Erinnerung an längst begrabene, vergangene Leben zurück. Jetzt erinnere ich mich, daß ich mich vor Millionen von Jahren in den Bergwäldern des Himalaya bewegte. Ich war ein Tiger inmitten meiner gestreiften und hungrigen Sippe. Ich, der ich jetzt der Buddha bin, verbarg mich im Kusha-Gras und betrachtete mit grün leuchtenden Augen die Herden, die in der Nähe weideten. Näher und näher kamen die Tiere meinem Versteck, wo das Verderben auf sie lauerte. Zuweilen zog ich in sternenklaren Nächten aus, um Beute zu machen. Wild und unersättlich erschnüffelte ich die Spuren von Mensch und Tier. Und unter den Bestien, die meine Gefährten waren, mit denen ich tief im Dschungel und im Jheel-Röhricht zusammenkam, war auch eine Tigerin. Diese war die Schönste im ganzen Wald. Unter den männlichen Tieren entstand ein Kampf um sie. Ihr Fell war goldfarben, von scharzen Streifen umrahmt, so wie der Schleier, den Yasodhara für mich getragen hat. Ein heißer Kampf entbrannte, der mit Zähnen und Klauen ausgetragen wurde, während das schöne Tier unter einem Neem-Baume saß, unser Blut fließen sah und darüber ein heftiges Wehgeschrei anstimmte. Und ich erinnere mich, am Ende ging sie schnurrend an den Kadavern all dieser Tiger vorbei, die ich zerrissen hatte, und schmeichelnd leckte sie meine schnell atmenden Seiten und folgte mir, von Liebe erfüllt, mit stolzem Schritt in die Wildnis. So drehte sich das Rad von Geburt und Tod auf und ab.«

Es war für Yasodhara eine große Freude, daß sie die Gemahlin des Prinzen wurde. Als die Sterne günstig standen, da wurde nach dem Brauch der Sakyas Hochzeit gehalten. Die goldene Gadi-Schale wurde aufgestellt, ein Teppich ausgelegt, die Hochzeitsgirlanden wurden aufge-

hängt, und man schmückte sich an den Armen
mit Perlenschnüren. Ein süßer Kuchen wurde
verteilt, und Reis wurde über das Brautpaar gestreut und jene wohlriechende Blumenessenz,
die man Attar nennt. Auf rot gefärbter Milch
ließ man Strohhalme schwimmen. Kommen
sich diese Strohhalme zu nahe, so bedeutet es
Liebe bis zum Tod. Mit dreimal sieben Schritten mußten die Brautleute um das Feuer herumgehen.
Außerdem wurden heiligen Männern Geschenke gemacht, Almosen gegeben, und auch der
Tempel erhielt seinen Anteil. Mantras wurden
gesungen, und Braut und Bräutigam schmückten sich mit festlichem Gewand.
Da sprach der ergraute Vater der Braut: »Anbetungswürdiger Prinz! Sie, die bis jetzt unser
war, ist jetzt die deine. Sei gut zu ihr, denn sie
hat ihr Leben in dem deinen!«
So wurde die liebliche Yasodhara unter Gesang
und dem Klang von Trompeten heimgeführt in
die Arme des Prinzen. Alle waren von Liebe erfüllt.
Der König aber vertraute nicht auf die Liebe allein. Er ließ ein schönes und stattliches Haus
bauen, um die Liebe darin einzuschließen. Es
hieß Vishramvan. Kein Platz auf Erden kam
diesem Lustschloß des Prinzen gleich.
In der Mitte der großen Palastgärten erhob sich

ein begrünter Hügel, dessen Abhang vom Fluß Rohini umspült wurde, wo dieser murmelnd hervorkommt aus den Vorgebirgen des Himalaya, um sich in die Wellen des Ganges zu ergießen. Nach Süden hin wuchsen Tamarinden und Sal-Bäume. Der Boden war dicht bewachsen mit blaßblauen Ganthi-Blumen, und die Welt war erst weit dahinter. Und wenn der Wind einmal den geschäftigen Lärm der Stadt bis hierher trug, dann war er nicht lauter als das Summen einer Biene, wie man es aus dem Dickicht heraushören kann.

Nach Norden erhoben sich die unberührten Abhänge der Himalaya-Berge. Weiße Gipfel hoben sich vom Himmel ab, unberührt von eines Menschen Fuß, unendlich und wunderbar, eine riesige Berglandschaft, eine Welt für sich von Gipfeln und Klüften, Graten und Abhängen, grünen Wäldern, die von ewigem Schnee überragt wurden, Schluchten und Zerklüftungen – all das ließ die Gedanken höher und höher steigen, bis man im Himmel zu stehen schien, um mit den Göttern zu sprechen. Unterhalb des ewigen Schnees breiteten sich dunkle Wälder aus, von Wasserfällen eingefaßt und von Wolken umrahmt. Weiter unten wuchsen Rosenhaine und große Fichtenwälder. Dort erscholl der Ruf des Fasans, das Gebrüll des Panthers, das Gemecker wilder Schafe tönte von den stei-

nigen Weidegründen, und es erscholl der Ruf
kreisender Adler. Darunter erglänzte die Ebene
wie ein Gebetsteppich zu Füßen des heiligsten
aller Altäre.

Vor diesem Hintergrund hatten die Baumeister
einen hellen Pavillon errichtet. Der sah aus wie
gepflanzt und gewachsen, mit Türmen zu beiden Seiten und von Säulen eingerahmt. In die
Balken waren die Bilder von Geschichten aus
alter Zeit eingeschnitzt, von Radha und Krishna
und den Waldmädchen, von Sita, Hanuman und
Draupadi. In der Mitte der Veranda sah man das
Bild des elefantenköpfigen Halbgottes Gane-
sha, der Weisheit und Reichtum bringen soll.
Mit Diskus und Haken in der Hand saß er huld-
voll mit vorgestrecktem Rüssel da.

Auf gewundenen Pfaden, die durch Gärten und
Höfe führten, erreichte man das innere Tor, das
aus weißem Marmor gemeißelt und mit rosaroten Einlegearbeiten verziert war. Der Türsturz
war aus Lapislazuli, die Schwelle aus Alabaster,
die Türflügel waren aus Sandelholz mit einge-
schnittenen Reliefbildern. Durch dieses Tor betrat man luftige Vorhallen mit schattigen Nischen und gelangte über breite Stiegen und von
Steingittern gesäumte Gänge in Räume mit bemalten Dächern, wo sich Säulen drängten, wo
es kühle Springbrunnen gab, die mit Lotosblumen und Nelumbo-Seerosen umrahmt waren,

wo sich im kristallklaren Wasser scharlachrote, goldfarbige und blaue Fische tummelten.

Großäugige Gazellen liefen auf den sonnigen Veranden umher und weideten an Sträuchern, die mit roten Rosenblüten übersät waren. Vögel mit regenbogenfarbenen Flügeln flatterten zwischen den Bäumen umher. Grüne und graue Tauben bauten ihre sicheren Nester auf vergoldeten Simsen. Pfaue mit ihrem prachtvollen bunten Gefieder schritten würdevoll über das leuchtend weiße Pflaster. Milchweiße Reiher und kleine Hauseulen saßen da und schauten ihnen zu. Papageien mit ihren langen Nackenfedern schwangen sich von einer Frucht zur anderen. Gelbe Kolibris umschwirrten die Blüten, und scheue Eidechsen sonnten sich auf den Steingittern. Furchtlos liefen Eichhörnchen herum, die man mit der Hand füttern konnte. Alles atmete Frieden. Die scheue schwarze Ringelnatter, die den Menschen den Reichtum bringt, sonnte sich schläfrig unter Mohnblumen, wo auch das Moschustier spielte und wo braunäugige Äffchen mit den Krähen schwätzten.

Dieser liebliche Palast war mit anmutigen Hofleuten erfüllt, so daß man überall vor dem Hintergrund der lieblichen Szenerie schöne Gesichter sehen konnte. Es wurde leise gesprochen und willig gedient. Jeder erfreute sich an

der Freude des anderen und an seinem Vergnügen, und es war jedermanns Stolz zu gehorchen.
So glitt das Leben gleichmäßig dahin wie ein
sanfter Strom, an dessen Ufern ewige Blumen
wachsen. Und Yasodhara war die Königin in
diesem bezaubernden Schloß.

Aber ganz im Inneren jenseits des Reichtums
dieser hundert Räume gab es noch einen ver-
borgenen Raum, der mit aller Kunstfertigkeit
und aller Phantasie des Lieblichen dazu gestal-
tet war, den Geist in Freude einzuhüllen. Der
Vorraum zu diesem Zimmer war quadratisch.
Der Himmel war seine Zimmerdecke. In der
Mitte des Raumes war ein marmornes Wasser-
becken, das mit schneeweißen Steinplatten
ausgelegt war. Rund um das Becken, auf den
Stufen und entlang dem Fries war ein kostbares
Mosaik aus Achatsteinen angebracht. Kühl wie
der Schnee war hier im Sommer der Boden,
wenn man mit den Füßen auf ihn trat. Die Son-
nenstrahlen überzogen die Wände und Nischen
des Raumes mit ihrem Gold. Die Schatten erschienen weich, silbrig, blaß und zart, als würde der Tag in der Liebe und Stille dieses Vor-
raums eine Pause machen und es Abend werden wollen. Denn nur durch ein Tor von diesem
Vorraum getrennt war ein Zimmer, so schön
und wunderbar, daß es ein Wunder der Welt
war. Aus duftenden Lampen drang hier sanftes

Licht durch edelsteinbesetzte Scheiben hindurch, das sich über die goldenen Tapeten ergoß und die seidene Liegestatt, die von einem schweren Vorhang verdeckt war, der sich nur auftat, um die Allerschönste einzulassen. Man wußte hier drinnen nicht, ob es Tag oder Nacht war. Das gedämpfte Licht war immer da, heller als der Sonnenaufgang, doch so zart wie das Rot des Abends. Ständig waren süße Düfte in der Luft, angenehmer als der erwachende Morgen und doch so kühl wie der Atem der Mitternacht. Lauten spielten Tag und Nacht, wunderbare Leckerbissen waren angerichtet, Früchte im frischen Tau, süße Cremen, gekühlt mit dem Schnee des Himalaya. Und es gab raffiniert zubereitete Süßigkeiten, zu denen man aus elfenbeinernen Bechern den süßen Saft bestimmter Bäume trinken konnte.

Tag und Nacht war hier eine Schar erlesener Tänzerinnen am Werk. Es gab Diener, die Becher trugen, und solche, die die Cymbeln schlugen. Und es gab Dienerinnen mit dunklen Augenbrauen, die dem schlafenden Gesicht des glücklichen Prinzen Luft zufächelten und die durch die Blüten flüsterten, mit der Anmut der Liebeslieder, mit ihrem träumerischen Tanz, der die Glöckchen an ihren Fußgelenken zum Klingeln brachte, und mit ihren wellenförmigen Armbewegungen zum Klang der silbernen

Saiten der Vina. Essenzen von Moschus und Champak und duftender blauer Rauch, der aus Schalen mit glimmenden Gewürzen aufstieg, erfreuten seine Seele und brachten sie dazu, an die schöne Yasodhara zu denken. Und so lebte Siddhartha und vergaß.

Außerdem hatte der König befohlen, daß Tod und Alter, Sorge, Schmerz und Krankheit innerhalb dieses Palastes nicht erwähnt werden durften. Wenn eine in diesem Palast der Lieblichkeit krank wurde, ihr Blick trüb, ihre Füße beim Tanzen schwach, dann wurde diese schuldlos zur Verbrecherin. Sie wurde aus dem Paradies verbannt, denn der Prinz sollte ihr Leid nicht sehen, um nicht selbst mit ihr leiden zu müssen. Helläugige Wächter sorgten dafür, daß dem Verbot gemäß nicht von der äußeren Welt gesprochen wurde, wo es Leid und Plagen gab, Tränen und Angst, die Schleier der Trauernden und den grimmen Rauch der Begräbnisfeuer. Es galt als Hochverrat, wenn sich eine Silbersträhne in das Haar eines der singenden Mädchen oder einer Tänzerin stahl. Jeden Tag wurden bei Sonnenaufgang die welkenden Rosenblätter abgepflückt, die abgestorbenen Blätter wurden verborgen, und aller üble Anblick wurde entfernt. Denn der König hatte gesagt: »Wenn der Prinz seine Jugend fern von allen Dingen verbringt, die ihn zum Nachdenken

bringen, zum Brüten über den leeren Eierscha-
len der Gedanken, dann kann sich der Schatten
seines Schicksals, der zu groß ist, als daß ein
Mann ihn ertragen könnte, auflösen. Und dann
werde ich ihn zu einer großen Persönlichkeit
heranwachsen sehen, zu einem großen Herrscher über alle Länder. Denn wenn er herrschen
wird, dann ist er der König der Könige und der
Ruhm seiner Zeit.«
Darum wurde um dieses Gefängnis des Vergnügens herum eine dicke Mauer gebaut. Liebe war
das Schloß und Freude war der Riegel. In der
großen Mauer gab es aber ein bronzenes Tor, das
nur mit der Kraft von hundert Armen in seinen
Angeln gedreht werden konnte. Das Öffnen
dieses Tores war noch in einer halben Meile
Entfernung zu hören. Weiter innen gab es dann
noch ein Tor und noch weiter innen ein weiteres. Und durch diese drei Tore mußte jeder hindurchgehen, um diesen Palast des Vergnügens
zu verlassen. Diese drei Tore waren verschlossen und verriegelt; und bei jedem saß ein ge-
treuer Wächter, denn der König hatte verord-
net: »Erlaubt niemandem, durch diese Tore zu
gehen, und sei es auch der Prinz – und das bei
eurem Leben, und sei es auch das meines
Sohnes.

DRITTES BUCH

Begegnung mit Alter,
Krankheit und Tod

In dieser stillen Umgebung des Glücks und der Liebe lebte unser Buddha. Nichts wußte er über das Leid. Mangel, Schmerz, Plagen, Alter und Tod waren ihm unbekannt. Die Ahnung, die von diesen Dingen zu ihm drang, kam von so weit her, als käme sie aus dem düsteren Meer der Träume, das an den Küsten des Tages ein Ende hat; und doch brachte ihm diese Ahnung seltsame Eingebungen. Oft, wenn er sein schönes Haupt auf die dunklen Brüste Yasodharas gelegt hatte und ihre zärtlichen Hände seine schlafenden Glieder liebkosten, schreckte er auf und rief aus: »Meine Welt! Meine Welt! Ich höre dich, ich kenne dich, ich komme!« Und wenn sie ihn dann fragte: »Was quält meinen Herrn?«, wobei ihre großen Augen von Schrecken erfüllt waren – denn das Mitleid in seinem Blick war schrecklich anzusehen, und sein Gesicht glich dabei dem eines Gottes –, dann lächelte er wieder, um ihre Tränen zum Stillstand zu bringen. Und er ließ die Vina spielen.

Einmal aber hatte man einen mit Saiten versehenen Kürbis auf dem Fensterbrett angebracht, so daß der Wind über ihn hinstreichen und zufällig Melodien spielen konnte. Eine wilde Mu-

63

sik spielte der Wind auf den silbernen Saiten,
und die, die herum waren, waren davon gebannt. Auch Prinz Siddhartha hörte das Spiel
des Gottes, und für sein inneres Ohr war es der
folgende Gesang:

»Woher wir kommen und weshalb wir hier
sind, das kannst du nicht wissen. Du weißt
auch nicht, wo das Leben entspringt und wohin
es fließt. Wir sind wie du bist, Geister aus der
Leere. Welches Vergnügen entschädigt uns für
den Schmerz, mit dem es abwechselt?

Welches Vergnügen bleibt dir von der wandello-
sen Glückseligkeit? Wenn die Liebe von Dauer
wäre, dann würde sie Freude bringen, aber der
Weg des Lebens ist der Weg des Windes. Alles,
was wir erleben, sind nur kurze Stimmen, hin-
gehaucht über Saiten, die sich bewegen.

O Sohn der Maya! Weil wir uns auf der Erde bewegen, singen wir unser Klagelied auf diesen
Saiten. Wir scherzen nicht, denn wir sehen in
den vielen Ländern soviel Leid, so viele weinende Augen und ringende Hände.

Und doch machen wir uns über die Menschen
lustig, während wir sie beklagen, denn sie
könnten doch wissen, daß dieses Leben, an das
sie sich klammern, nur eine leere Schau ist.
Was die Menschen tun, das ist, als wollten sie
einer Wolke befehlen, stehenzubleiben, oder als
wollten sie einen fließenden Fluß mit ihren

Händen aufhalten. Aber du bist dazu bestimmt, ihnen die Erlösung zu bringen. Deine Stunde ist nahe. Blind torkeln die Menschen dahin in dieser Welt des Schmerzes. Erhebe dich, o Kind der Maya! Erwache! Schlafe nicht wieder ein!

Wir sind die Stimmen des wandernden Windes. Wandre auch du, o Prinz, um das zu finden, was dir noch fehlt! Verlasse die Liebe um der Liebe des Liebenden willen, um des Leidens willen, verlasse deinen Reichtum um der Sorge willen, und bringe die Befreiung!

So seufzen wir, während wir über die silbernen Saiten gleiten, zu dir, der du noch nichts weißt über die Dinge der Welt. Das sagen wir, und wir machen uns lustig über dich, wenn wir jetzt gehen. Es sind liebliche Schatten, mit denen du jetzt spielst.«

Eines Tages nach diesem Ereignis saß der Prinz unter seinem prachtvollen Hofstaat. Liebevoll hielt er die Hand der schönen Yasodhara, und ein Mädchen erzählte – immer von Musik unterbrochen, wenn ihre volle Stimme leiser wurde – eine uralte Sage von Liebe, von einem magischen Pferd, von wunderbaren fernen Ländern, wo blasse Menschen wohnen, dort, wo die Sonne in der Nacht ins Meer sinkt. So verbrachte der Prinz die Stunden am Ende des Tages. Da sprach er mit einem Seufzer: »Chitra bringt mir mit dieser schönen Erzählung das Lied des

Windes zurück, das dieser auf den Saiten gespielt hat. Yasodhara, gib ihr eine Perle zum Dank! Aber sage mir du, ist die Welt wirklich so groß? Gibt es dort ein Land, wo man die Sonne in die rollenden Wellen sinken sieht, gibt es dort Herzen wie die unseren, zahllos und doch uns bekannt und vielleicht nicht glücklich, denen wir aber helfen könnten, wenn wir sie nur kennen würden? Oft frage ich mich, welche Ecke der Welt die Strahlen unseres Tagesgestirns als erste empfängt, wenn dieses auf seiner königlich goldenen Straße von Osten nach Westen dahinzieht. Wer sind die Kinder des Abends?

Oft, o schöne Yasodhara, habe ich sogar, als ich in deinen Armen und an deiner Brust lag, die Sehnsucht empfunden, in die vom Abendrot gefärbten Länder des Westens zu wandern. Es muß dort viele Menschen geben, die wir lieben lernen sollten. Wie könnte es anders sein? Und jetzt in dieser Stunde empfinde ich eine Wehmut, die selbst deine weichen Lippen nicht hinwegküssen können.

Und du, o Chitra, die du im Lande der Feen bewandert bist, wo steht dieser schnelle Hengst, von dem du uns erzählt hast, auf dessen Rücken reitend man in einem Tage die ganze Erde sehen könnte? Oder nein, wenn ich nur die Flügel jenes Geiers hätte, der der Erbe des Reiches ist,

das größer ist als das meine, ich würde sie ausbreiten und leicht auf die höchsten Gipfel des
Himalaya fliegen, wo der rosarote Glanz auf
dem Schnee erscheint, und mein Blick würde
alles rundherum erforschen.

Warum habe ich diese Wunderdinge niemals gesehen, warum habe ich niemals nach ihnen gesucht? Sage mir, was liegt jenseits der bronzenen Tore unseres Palastgartens?«

Da antwortete Chitra: »Zunächst, mein schöner Prinz, liegt dort die Stadt mit ihren Tempeln, Gärten und Hainen. Dann kommen Felder, und dann kommen wieder neue Felder, und
es gibt auch ausgetrocknete Flußbette, freie
Plätze, Dschungel, und so geht es Meile um
Meile weiter. Dann gelangt man in das Reich
von König Bimbasara, und dann geht es immer
weiter über die Scheibe der Erde. Viele Hunderttausende Menschen gibt es da.«

»Gut«, sagte Siddhartha, »verkündet, daß es
mein Befehl ist, daß Channa meinen Wagen an-
spannen soll, so daß ich morgen mittag los-
fahren kann, um zu sehen, was jenseits unserer
Palastgärten ist.«

Darauf überbrachten sie dem König die Botschaft: »Unser Herr, dein Sohn, will, daß zu
mittag sein Wagen angespannt wird, damit er
hinausfahren kann, die Menschen zu sehen.«

»Wohl«, sprach der vorsichtige König, »die Zeit

ist gekommen, daß er hingeht, sie zu sehen. Es mögen aber die Herolde herumgehen und überall meinen Befehl verkünden, daß die Stadt gesäubert werden soll, so daß nirgendwo ein häßlicher Anblick anzutreffen ist, und es sollen auch keine Blinden, verkrüppelten, kranken oder hochbetagten Menschen zu sehen sein, keine leprösen oder sonst irgendwie schwächlichen.«

Also wurde das Pflaster gekehrt in allen Straßen, und die Wasserträger benetzten sie aus durchlöcherten Häuten mit kühlendem Naß. Die Frauen bestreuten die Türschwellen ihrer Häuser frisch mit rotem Puder, flochten Kränze und schnitten die Tulsi-Büsche vor den Haustoren gerade. Die Malereien auf den Hauswänden wurden mit schnellen Pinselstrichen ausgebessert, die Bäume wurden dicht mit Fahnen geschmückt, die Götterbilder wurden neu vergoldet, und auf den Wegkreuzungen leuchteten Standbilder des Sonnengottes Suryadeva und der anderen großen Götter, umrahmt von Zweigen, die grüne Blätter trugen. Die ganze Stadt erschien wie die Hauptstadt eines Wunderlandes.

Die Herolde gingen mit Trommeln und Gong umher und verkündeten laut: »Hört, ihr Bürger, der König befiehlt, daß es heute keinen üblen Anblick geben darf. Kein Blinder oder

Verkrüppelter, kein Kranker oder Hochbetagter, kein Lepröser und kein Schwächlicher darf das Haus verlassen. Auch dürfen Tote vor dem Anbruch der Nacht weder aus dem Hause getragen noch verbrannt werden. Dies befiehlt Suddhodana.«

So wurde in ganz Kapilavastu alles auf Hochglanz gebracht, und die Fassaden der Häuser leuchteten, als der Prinz auf seinem bemalten Wagen einherfuhr, der von zwei dicken schneeweißen Stieren gezogen wurde, die mit ihren Fettbuckeln unter ein geschnitztes und bemaltes Joch gespannt waren. Göttlich war die Freude der Menschen, als sie ihren Prinzen begrüßten. Und glücklich war Siddhartha beim Anblick dieser freundlichen Untertanen mit ihren sauberen, hellen Gewändern, die alle lachten, so als ginge es ihnen gut.

»Schön ist die Welt«, sagte er, »und sie liebt mich. Fröhlich und freundlich sind diese Menschen, die keine Könige sind, anmutig sind diese meine Schwestern, die sich um ihren Lebensunterhalt abmühen. Was habe ich getan, daß sie mir einen solchen Empfang bereiten? Wie können sie überhaupt wissen, ob ich sie liebe? Ich möchte diesen schönen Sakya-Knaben, der unter uns Blumen gestreut hat, mitnehmen auf meinem Wagen. Wie schön ist es, ein Reich zu regieren wie dieses! Wie einfach entsteht hier Vergnügen, wenn diese Menschen schon vergnügt sind, wenn ich nur vorbeikomme! Viele von den Dingen, die ich habe, brauche ich nicht. Denn ich sehe, daß schon die kleinen Häuser dieser Menschen ausreichen, eine Stadt voller Lächeln entstehen zu lassen. Fahr weiter, Channa! Fahr durch das Stadttor, laß mich noch mehr sehen von dieser wunderbaren Welt, die ich nicht gekannt habe!«

So kamen sie durch das Tor, und eine freudige Menge drängte sich an die Räder des Wagens heran. Einige liefen vor den Stieren her und warfen Kränze, einige streichelten ihre seidenweichen Flanken, und einige gaben ihnen Reis und Kuchen. Alle riefen aus: »Jai! Jai! Heil unserem edlen Prinzen!« So war sein ganzer Weg gesäumt mit freudigen Blicken und mit Dingen, die schön anzusehen waren, denn dies hatte der König befohlen.

Da plötzlich stand in der Mitte der Straße ein alter Mann. Langsamen, mühsamen Schrittes hatte er sich aus dem Schuppen, in dem man ihn verborgen gehalten hatte, hervorbewegt – eine erbärmliche Gestalt, in faulende, zerrissene Lumpen gehüllt. Seine verhutzelte Haut war von der Sonne gegerbt und hing wie die Haut eines Tieres über seine fleischlosen Knochen. Sein Rücken war gebeugt unter der Last vieler Jahre. Seine Augenlider waren von jahrzehntelangen Tränen gerötet. Aus seinen trüben Augen tropfte eine ekelerregende Flüssigkeit. Sein zahnloser Mund bewegte sich krampfhaft, denn er hatte Angst, so viele freudig erregte Menschen zu sehen. Seine dürre Hand hielt einen abgenützten Stock, auf den er seine zitternden Glieder stützte. Die andere Hand hatte er an den Brustkorb gepreßt, dem sich in schweren, schmerzhaften Stößen der Atem entrang. »Almosen!« stöhnte er. »Gebt mir etwas, ihr guten Menschen, denn sonst sterbe ich morgen oder übermorgen!« Dann wurde seine Stimme von einem Hustenanfall erstickt. Doch sofort wieder streckte er seine Handfläche aus und stand mit zuckenden Augenlidern stöhnend da und rief: »Almosen!«, wobei ihn nur seine Krämpfe immer wieder unterbrachen.

Aber schon hatten die Umstehenden ihn, den Schwächlichen, von der Straße weggedrängt. »Der Prinz«, sagten sie, »siehst du ihn nicht? Geh in dein Versteck!«

Aber Siddhartha rief aus: »Laßt ihn, laßt ihn! Channa! Welch ein Ding ist das, das wie ein Mensch erscheint und doch keiner sein kann, denn es geht so gebeugt, so erbärmlich, so schrecklich und so traurig einher? Werden auch solche Menschen geboren? Was bedeutet sein Stöhnen? Findet er keine Nahrung? Warum stehen seine Knochen so hervor? Was ist

mit diesem beklagenswerten Menschen geschehen?«

Darauf antwortete der Wagenlenker: »Edler
Prinz, dieser ist einfach ein alter Mann. Vor
vielen Jahren war sein Rücken gerade, seine
Augen waren hell, und sein Körper war in guter Verfassung. Jetzt aber haben ihm die diebi-
schen Jahre den Lebenssaft ausgesaugt, ihm
seine Kräfte geraubt und ihn um seinen Verstand und seine Willenskraft gebracht. Seine
Lampe hat ihr Öl verbraucht, der Docht ist
schwarz verbrannt, nur noch ein ärmlicher
Funke ist vom Feuer seines Lebens übriggeblie-
blieben, der noch kurz aufflackert, ehe das Ende kommt. Das ist das Alter. Warum sollte
sich Eure Hoheit darum kümmern?«

Darauf sprach der Prinz: »Kommt dieser Zustand auch zu anderen Menschen? Oder
kommt er gar zu allen? Oder kommt es nur
selten vor, daß einer so wird wie dieser?«

»Edelster Prinz«, antwortete Channa, »geradeso wie dieser werden alle, wenn sie so lange leben wie er.«

»Aber«, warf der Prinz ein, »werde auch ich so
aussehen, wenn ich so lange lebe wie dieser?
Und Yasodhara? Wird auch sie ein Opfer des
Alters werden? Und Jalini? Und die kleine Ha-
sta? Und Gotami und Gunga und die anderen?«

»Ja, großer Herr«, antwortete der Wagenlenker.
Darauf sprach der Prinz: »Wende den Wagen
und fahre mich wieder nach Hause! Ich habe gesehen, was zu sehen ich nicht erwartet
hätte.«
Nachdenklich über das, was er gesehen hatte,
kehrte Siddhartha in seinen schönen Palast zurück. Er war traurig, und traurig war auch sein
Gesicht. Er rührte weder die weißen Kuchen an
noch die Früchte, die man für sein Abendmahl
vorbreitet hatte, und er erhob nicht ein einziges
Mal seinen Blick, als die besten Tänzerinnen
versuchten, seine schlechte Laune zu vertreiben. Und er sprach auch nicht.
Nur einmal, als Yasodhara traurig und weinend
zu seinen Füßen sank und seufzte: »Findet
mein Herr nicht seinen Trost bei mir?«, da sagte er traurig: »O meine Holde! Trotz deines Trostes stöhnt meine Seele, denn sie weiß, daß dieser Trost einst enden wird. Wir beide werden alt
werden, Yasodhara, lieblos, unschön, schwach
und gebeugt. Auch wenn wir unser Leben und
unsere Liebe dadurch eingeschlossen halten,
daß wir immer so nahe beisammen sind, daß
der Atem von uns beiden ein einziger Atem
wird, so würde sich doch die Zeit zwischen uns
beide hineindrängen, und sie würde meine Leidenschaft und deine Anmut hinwegnehmen, so

wie die schwarze Nacht das Abendrot von den
Berggipfeln hinwegnimmt, so daß diese nur
noch grau erscheinen, obwohl man dieses Verschwinden des Abendrotes nicht bemerkt. Das
weiß ich jetzt, und diese Gewißheit verdunkelt
mein Herz. Und darum ist mein Herz nur noch
bemüht, darüber nachzudenken, was die Menschen alt macht.« Und so saß er in dieser Nacht
schlaflos da und konnte keinen Trost finden.
In dieser Nacht wurde König Suddhodana von
bösen Träumen geplagt:
Im ersten Traumgesicht sah er eine breite, in
der golden leuchtenden Sonne glänzende Fahne, auf die das Wappen des Götterkönigs Indra
gestickt war. Aber da kam ein starker Wind,
zerriß sie und warf sie in den Staub. Hierauf erschienen schattenhafte Gestalten, die die be-
schmutzte Seide aufhoben und sie vom Stadttor weg in Richtung Osten trugen.
Im zweiten Traum sah er zehn riesige Elefanten
mit silbernen Stoßzähnen und Füßen, die die
Erde erschütterten, die in mächtigem Marsch
die Straße nach Süden trotteten. Und auf dem
vordersten Tier saß des Königs Sohn. Die anderen folgten ihm.
Im dritten Traumgesicht sah er einen Wagen,
der blendend helles Licht ausstrahlte. Dieser
Wagen wurde von vier Hengsten gezogen, die
weißen Rauch ausatmeten und aus deren Nü-

stern feuriger Schaum drang. Im Wagen saß Prinz Siddhartha.

Das vierte Traumgesicht war das eines Rades, das sich drehte und drehte. Die Nabe dieses Rades war von leuchtendem Gold, die Speichen waren aus Juwelen, und seltsame Inschriften waren auf die runde Einfassung geschrieben, die Feuer und Musik zugleich zu sein schien, als sich das Rad drehte.

Im fünften Traum sah er eine mächtige Trommel, die in der Mitte zwischen der Stadt und den Bergen aufgestellt wurde, und auf diese schlug der Prinz mit einem eisernen Schlegel, so daß sich der Klang wie Donnerrollen verbreitete, das sich über den ganzen Himmel und weit in die Ferne hin ausbreitete.

Das sechste Traumgesicht zeigte dem König einen Turm, der sich höher und höher über die Stadt erhob, bis seine stattliche Spitze von Wolken gekrönt erschien, und auf dieser stand der Prinz und verstreute Edelsteine in alle Richtungen, die im lieblichsten Licht erschienen, so daß es Hyazinthe und Rubine zu regnen schien. Und die ganze Welt kam und versuchte etwas von diesen Schätzen zu erhalten, als sie in die vielen Himmelsrichtungen fielen.

Im siebten Traum hörte der König Klagelaute, und er sah sechs Männer, die weinend mit den Zähnen knirschten und, ihre Handflächen vor den Mund gepreßt, untröstlich dahinschritten.

Diese sieben Träume hatte der König. Aber auch der weiseste unter den Traumdeutern konnte sie ihm nicht deuten. Da war der König erzürnt und sprach: »Ein Übel wird über meine Familie kommen, und keiner von euch hat genug Verstand, daß er mir helfen könnte zu verstehen, was die großen Götter dabei im Sinne haben!« Auch die Menschen in den Straßen gingen mit sorgenvollen Gesichtern umher, weil ihr König im Traum sieben furchterregende Zeichen gesehen hatte, die keiner deuten konnte.

Da kam ein alter Mann durchs Stadttor in der Kleidung eines Einsiedlers. Er war in ein Tierfell gehüllt, und keiner kannte ihn. Er rief: »Bringt mich vor den König, denn ich kann seine Schlafgesichte deuten!«

Und als er das siebenfache Geheimnis des königlichen Traumes vernommen hatte, verbeugte er sich ehrfürchtig und sagte: »Großer König, ich preise dieses gesegnete Haus, denn aus ihm wird sich ein Glanz erheben, der weiter reicht als der der Sonne. Denn siehe, diese sieben furchterregenden Zeichen sind sieben Zeichen der Freude.

Das erste Gesicht, das du sahst, die breite und glanzvolle Fahne mit dem Wappen des Indra, die dann heruntergerissen und fortgetragen wurde, bedeutet das Ende des alten Glaubens und den Anfang eines neuen. Denn auch bei den Göttern gibt es Veränderungen, nicht nur bei den Menschen, und so, wie die Tage vergehen, vergehen auch die Jahrtausende.

Die zehn großen Elefanten, die die Erde erschütterten, bedeuten die zehn großen Gaben der Weisheit, durch deren Kraft der Prinz seine jetzige Position verlassen und die Welt durch das Künden der Wahrheit erschüttern wird.

Die vier flammenatmenden Rosse, die vor den Wagen gespannt waren, sind die vier Tugenden der Furchtlosigkeit, die deinen Sohn von Zweifeln und Düsterkeit zum Licht der Freude bringen werden.

Das Rad, das sich auf einer Nabe von brennendem Gold gedreht hat, war das Rad des vollkommenen Gesetzes, das wertvollste aller Räder, das sich vor den Augen der ganzen Welt drehen wird.

Die mächtige Trommel, auf die der Prinz eingeschlagen hat, so daß ihr Ton alle Länder erfüllte, bedeutet den Donner des Wortes der Verkündigung, das er bringen wird.

Der Turm, der in den Himmel wuchs, bedeutet das Wachstum der Lehre, die von deinem Sohn, dem Buddha, ausgehen wird; und jene Juwelen, die er von dort ausstreut, sind die ungeahnten

Schätze dieses guten und großen Gesetzes, die den Göttern ebenso wie den Menschen teuer und wünschenswert sind. Das ist die Deutung des Turmes, den du sahst.

Jene sechs weinenden Männer aber, die sich den Mund zuhielten, sind die sechs bedeutendsten geistigen Lehrer, die dein Sohn im Lichte der Wahrheit und mit der Unbestreitbarkeit seiner Rede von ihrer eigenen Verrücktheit überzeugen wird.

Jubiliere, o König! Das Glück meines Herrn, des Prinzen, ist größer als das Glück von Königen, und die Lumpen, in die er als Einsiedler gekleidet sein wird, werden edler sein als Kleider aus Gold. Das war dein Traum! Und in sieben Tagen und sieben Nächten werden diese Dinge geschehen.«

So sprach der heilige Mann, und demütig verbeugte er sich achtmal, wobei er dreimal den Boden berührte. Dann drehte er sich um und ging seines Weges. Und als ihm dann der König ein reiches Geschenk nachsenden ließ, da kamen die Boten zurück mit der Kunde: »Wir gingen ihm nach bis an das Tor des Tempels der Mondgöttin Chandra. Aber im Tempel fanden wir niemanden; nur eine graue Eule flog auf, als wir den Tempel betraten.« In dieser Form kommen bisweilen die Götter zu den Menschen.

Der traurige König aber überlegte, wie er das,

was ihm geweissagt worden war, verhindern könne, und er befahl, daß neue Vergnügungen ersonnen würden, um das Herz des Prinzen Siddhartha zu betören, um diesen in jenem Palast der Vergnügungen weiter festhalten zu können. Auch ließ er jetzt alle Wachen an den Bronzetoren verdoppeln. Aber wer kann das Schicksal anhalten?

Denn wiederum fühlte sich der Geist des Prinzen bewegt, die Welt jenseits der Tore kennenzulernen, jenes Leben der Menschen, das so vergnüglich ist, solange es nicht zu einem traurigen Ende kommt und seine Wellen nicht in den trockenen Sanden der Zeit versickern. »Ich bitte dich darum, daß du mich unsere Stadt sehen läßt, wie sie ist«, war seine Bitte an König Suddhodana. »Eure Majestät hat das Volk in zärtlicher Fürsorge vor meinem Besuch gewarnt, damit es alles Üble verberge und alles, was unschön anzusehen ist. Die Menschen haben freudige Gesichter aufgesetzt, um mich zu erfreuen; so waren alle die ich auf meinem Wege traf, fröhlich. Und doch habe ich erfahren, daß dies nicht das Leben des Alltags ist. Wenn ich aber meinem Vater und der Herrschaft über das Königreich so nahe bin, dann möchte ich gerne auch die Menschen und Straßen so kennenlernen, wie sie tagtäglich beschaffen sind und wie sich der Alltag in ihnen abspielt. Ich möchte das Leben jener Menschen kennenlernen, die keine Könige sind. Gib mir also die Erlaubnis, mein treuer Herr, unerkannt durch das Tor meiner glücklichen Gärten zu gehen. Dann werde ich mit um so mehr Zufriedenheit in deren Frieden zurückkehren oder wahrscheinlich, mein Vater, mit voller Zufriedenheit. Deshalb bitte ich dich, lasse mich morgen mit meinen Dienern nach freiem Belieben durch die Straßen der Stadt gehen.«

Und der König sagte zu seinen Ministern: »Vielleicht wird dieser zweite Ausflug die unbeabsichtigte Wirkung des ersten wieder beheben. Seht, wie der gefangene Falke bei allem, was er erspäht, ausfliegt. Die Freiheit aber gibt das Auge der Ruhe. Laßt meinen Sohn alles sehen, und berichtet mir über den Eindruck, den es auf ihn macht.«

Als am nächsten Tag der Mittag gekommen war, ritt der Prinz zusammen mit Channa durch die Tore, hinter denen das Reich des Königs begann. Er war als Kaufmann verkleidet und sein Wagenlenker als sein Gehilfe. Die Wachen erkannten sie beide nicht.

Zu Fuß begaben sich beide in die Stadt. Dort mischten sie sich unter die Bürger des Sakya-Reiches. Sie sahen die freudigen und die traurigen Anblicke, wie eine Stadt sie bietet:

In den bemalten Straßen herrschte das Verkehrsgewühl der Mittagsstunde. Händler saßen mit gekreuzten Beinen da und boten Getreide und Gewürze feil. Ihre Kunden hatten das Geld in ihrem Gewand mitgebracht. Es gab den Wortkrieg des Feilschens um den Preis dieser oder jener Ware, die Rufe der Durchfahrenden, man möge die Straße freimachen. Riesige Steinräder drehten sich an Karren, die von starken, langsamen Ochsen mit schwankender Ladung dahingezogen wurden. Sänftenträger sangen bei ihrer Arbeit. Lastenträger mit ihren breiten Nacken schwitzten in der Sonne. Hausfrauen holten Wasser vom Brunnen, das sie in Krügen auf dem Kopf balancierten, wobei sie noch ihre Kinder, an denen die großen schwarzen Augen auffielen, an die Hüfte gebunden hatten. Es gab Läden mit Süßigkeiten, die von Fliegen umschwärmt waren.

Der Weber saß an seinem Webstuhl und ließ das Schiffchen zwischen den Fäden hindurchgleiten.

Die Mühlsteine zermahlten das Getreide, Hunde streunten herum und suchten nach Abfällen. Der geschickte Waffenschmied fertigte mit Hammer und Zange Panzerhemden an. Der Grobschmied häufte mit einem Beil und einer Eisenstange glühende Kohlen aufeinander. Ein Lehrer unterrichtete Kinder, die in einem ernsten Halbkreis um ihn herum saßen und wieder und wieder dasselbe Mantra sangen und dann die Lehre von den größeren und geringeren Gottheiten vernahmen. Die Färber breiteten Stoffe in der Sonne aus, die noch feucht waren von den Farbbottichen und die jetzt in orangen, rosaroten und grünen Farbtönen erstrahlten.

Soldaten mit Schwert und Schild marschierten mit metallischem Geräusch vorbei. Kameltreiber wiegten sich auf den Höckern ihrer Tiere. Es gab stille Brahmanen, Angehörige der kriegerischen Kshatriya-Kaste und demütig arbeitende Shudras. Hier hatte sich eine Menge versammelt, um einem geschwätzigen Schlangenbeschwörer zuzusehen, wie er seine lebendigen Juwelen, die Asp und die Naga, um die Gelenke wand oder wie er die tödliche Kobra zum Klange einer Kürbistrommel zu einem ärgerlichen Tanz herausforderte. Dort gab es eine lange Reihe von Trommlern und Hornisten, die mit ihren fröhlich bemalten Hengsten unter seidenen Baldachinen dahinschritten, um eine junge Braut nach Hause zu führen.

Eine Frau mit Kuchen und Girlanden ging zu ihrem Gott, um eine glückliche Rückkehr ihres Gatten von seiner Handelsreise zu erbitten oder vielleicht auch die Geburt eines Sohnes.

Sie gingen an Buden vorbei, wo dunkelhäutige

Kupferschmiede Lampen und Schalen herstellten. Und dann gingen sie zu den Mauern und zu den Toren des Tempels, zum Fluß, zur Brücke und bis hinter die Stadtmauern.

So weit waren sie gekommen, als vom Straßenrand her eine klagende Stimme ertönte: »Helft mir, ihr Herren, helft mir auf die Füße! O bitte, helft mir! Ich werde sonst sterben, bevor ich mein Haus erreiche!«

Die Stimme kam von einem Schwerkranken, dessen zitternder Leib von einer tödlichen Plage befallen war. Er wand sich im Staub, während feuerrote Geschwüre seinen Körper bedeckten. Der kalte Schweiß stand ihm an den Brauen. Sein Mund war verzerrt von schmerzhaften Zuckungen, und in wild umherirrenden Augen standen Tränen, die den inneren Todeskampf anzeigten. Keuchend griff er ins Gras und versuchte, sich zu erheben. Er erhob sich zur Hälfte und sank dann zurück, weil ihm seine schwachen Glieder den Dienst versagten, und von Schrecken erfüllt rief er aus: »Welch ein Schmerz! Helft mir, ihr guten Leute!«

Siddhartha lief zu ihm hin, hob ihn mit zärtlichen Händen auf und legte den Kopf des Kranken mit sanftem Blick auf seine Knie. Und während er ihn durch seine sanfte Berührung tröstete, fragte er ihn: »Bruder, was ist dir zugestoßen? Wie kommt es, Channa, daß dieser Mann

ächzt und stöhnt, daß er beim Sprechen nach
Luft ringen muß und daß er so schrecklich
klagt?«

Darauf sagte der Wagenlenker: »O großer Prinz,
dieser Mann ist von einer Art Pest befallen worden. Die Elemente seines Körpers sind in Ver-
wirrung. Das Blut in seinen Adern, das da einst
als ein gesunder Strom dahinfloß, springt und
kocht als eine feurige Flut. Sein Herz, das einst
im richtigen Takt geschlagen hat, schlägt jetzt
wie eine schlecht gespielte Trommel, einmal
schnell und einmal langsam. Seine Sehnen sind
erschlafft wie eine gerissene Bogensehne. Die
Kraft hat seine Muskeln, seine Lenden und seinen Nacken verlassen, und alle Lebensfreude
und alle männliche Anmut sind aus seinem
Körper geflohen.

Er ist ein kranker Mann. So kann man ihn
wahrlich nennen. Siehe, wie er sich bemüht,
seinen Schmerz zu beherrschen, wie er die blut-
unterlaufenen Augen rollt und mit den Zähnen
knirscht und wie er nach Atem ringt, so als wäre die Luft erstickender Rauch! Siehe, er möchte schon tot sein, aber er wird nicht sterben, ehe
die Krankheit ihr Vernichtungswerk in ihm zu
Ende geführt hat, ehe sie nicht jene Nerven getötet hat, welche absterben, bevor das Leben er-
lischt. Erst dann, wenn alle seine Saiten durch
die Agonie zerrissen sind und wenn der Sinn für

84

den Schmerz seine Knochen verlassen hat, erst dann wird ihn die Krankheit verlassen und einen anderen befallen. O mein Prinz! Es ist nicht gut, wenn du ihn so in deinen Armen hältst. Das Übel kann auch auf dich übergehen, es kann dich ergreifen, auch dich.«

Aber der Prinz fuhr fort, den Mann zu trösten, und sprach: »Gibt es auch noch andere, gibt es viele, denen dieses Übel widerfährt? Kann es auch mir widerfahren, so wie es ihm widerfahren ist?«

»Großer Herr«, antwortete der Wagenlenker, »dieses Übel kommt in vielen Formen zu allen Menschen als Schmerz oder als Verwundung, als Hinfälligkeit oder als Hautausschlag, als Lähmung, als Aussatz oder als heißes Fieber, als Wassersucht, als Anfall oder als Geschwür. Es befällt alles Fleisch, es befällt einen jeden!«

»Kommen diese Krankheiten, ohne daß man sie bemerkt?« fragte der Prinz.

Und Channa sagte: »Sie kommen wie die schlaue Schlange, welche beißt, ohne daß man sie sieht, wie die gestreifte Mörderin, die unter dem Karunda-Busch lauert und dann hervorschnellt, die sich am Rande des Dschungelpfades verbirgt. Oder sie kommt wie der Blitz, der diesen trifft und jenen bewahrt, wie es der Zufall will.«

»Leben dann alle Menschen in Furcht?«

»Ja, sie leben in Furcht, mein Prinz«, sagte der Wagenlenker.

»Und ist es so, daß keiner sagen kann: ›Ich bin glücklich und gesund schlafen gegangen und werde ebenso glücklich und gesund aufwachen?‹«

»Nein, keiner kann das sagen.«

»Und was ist das Ende von dem vielen Leid, das ungesehen kommt, wann es will? Ist es ein zerbrochener Körper und ein trauriger Geist? Ist es das Alter?«

»Ja, wenn man so lange lebt«, antwortete Channa.

»Aber wenn die Menschen die Agonie nicht ertragen können, oder wenn sie sie nicht ertragen und ihr ein Ende machen wollen, oder wenn sie sie ertragen und dann aber wie dieser Mann zu allem zu schwach sind und nur noch klagen können, wenn sie weiterleben und älter und immer älter werden, was ist dann das Ende?«

»Das Ende ist der Tod, mein Prinz.«

»Der Tod?«

»Ja, zuletzt kommt der Tod, auf irgendeine Art und zu irgendeiner Stunde. Einige wenige Menschen werden alt, die meisten leiden und werden krank, aber alle müssen sie sterben. Siehe, mein Prinz, dort kommt der Tod!«

Da erhob Siddhartha seine Augen, und siehe,

mit schnellen Schritten ging eine Schar von Menschen auf das Flußufer zu, die weinten und klagten. Der Vorderste schwang eine irdene Schale, in der waren glühende Kohlen, und dahinter kamen seine Verwandten mit geschorenem Haar, ohne Gürtel und mit dem Zeichen der Trauer. Und der Vorderste rief mit lauter Stimme: »O Rama, Rama, höre uns! Ruft Rama an, meine Brüder!«

Dahinter trug man die Bahre. Sie war aus vier Holzstreben gemacht und aus einem Netzwerk von Bambus. Und auf dieser lag steif und unbeweglich mit den Füßen nach vorne ein Mann. Sein Körper war ausgezehrt und eingefallen. Sein ausdrucksloses Gesicht hatte ein gespenstisches Grinsen. Es war mit roter und gelber Farbe bestäubt. Er war tot.

An der Wegkreuzung wurde die Bahre umgedreht, so daß der Tote jetzt mit dem Kopf voran getragen wurde. Und man rief wieder: »Rama, Rama!« Am Flußufer war Holz aufgeschichtet, darauf bettete man den Toten. Und man schichtete Brennmaterial um ihn herum auf. Tief ist der Schlaf auf einem solchen Bett. Man erwacht nicht wegen der Kälte.

Dann aber wurde der Holzstoß an seinen vier Ecken angezündet, und das Feuer kroch auf die Mitte zu, und die flackernden Zungen fanden das Fleisch des Toten, das sie zischend verzehrten. Man hörte das Zerbrechen der ausgetrockneten Haut und das Knacken beim Verbrennen der Gelenke. Zuletzt wurde der fette Rauch dünner, und die rote und graue Asche sank in sich zusammen. Nur hie und da hob sich noch ein weißes Knochenstück aus der grauen Masse hervor, die von dem Menschen übriggeblieben war.

Darauf sprach der Prinz: »Ist das das Ende, das zu allem kommt, was lebt?«

»Das ist das Ende, wie es zu allen kommt«, erwiderte Channa. »Alle, die jetzt auf dem Scheiterhaufen liegen und deren Reste so kläglich sind, daß sie selbst die hungrig schreienden Krähen nicht fressen mögen, haben einst gegessen, getrunken, gelacht, geliebt und gelebt, und sie haben das Leben geliebt. und dann kam – wer kann es sagen? – ein Hauch von Dschungelwind, ein Stolpern auf dem Weg, ein vergifteter Wasserbehälter, der Biß einer Schlange oder ein ärgerlich geführter Stahl, der ihn eine halbe Spanne tief durchbohrte, eine Erkältung, eine Fischgräte, das Herabfallen eines Ziegelsteines, und das Leben ist zu Ende, der Mann ist tot. Keine Lust, kein Vergnügen und kein Schmerz mehr. Den Kuß auf seinen Lippen fühlt er nicht mehr, nicht einmal das versengende Feuer fühlt er. Er spürt den Geruch nicht mehr, der entsteht, wenn sein Fleisch verbrennt, und auch den Duft des Sandelholzes und der Gewürze, die sie verbrennen, spürt er nicht. Sein Mund schmeckt nicht mehr, seine Ohren hören nicht mehr, seine Augen sind blind. Die ihn geliebt haben, klagen verzweifelt, denn auch der tote Körper bleibt ihnen nicht. Er war nur die Lampe, in der das Leben gebrannt hat. Er wird verbrannt, sonst haben die Würmer ihr schreckliches Mahl an ihm. Das ist das Schicksal allen Fleisches.

Ob hoch oder niedrig, ob gut oder schlecht, der Mensch muß sterben, um dann – so wird es gelehrt – irgendwann, irgendwie ein neues Leben zu beginnen – wer weiß das schon? Und dort erlebt er wieder die Schicksalsschläge, den Abschied und den brennenden Scheiterhaufen. Und so geht das immer weiter.«

Und siehe! Siddhartha wandte seine göttlichen Augen zum Himmel. Tränen glänzten in ihnen. Himmlisches Mitleid mit der ganzen Erde brach aus ihnen hervor. Vom Himmel senkte er seinen Blick zur Erde nieder und erhob ihn wieder gen Himmel, als würde sein Geist auf diesem einsamen Flug eine entfernte Vision schauen. Einzelne Dinge verbanden sich miteinander, verlorene, vergangene, aber solche, die man noch suchen konnte, die man gesehen hatte, die man gewußt hatte. Und dann rief er, wobei seine hocherhobene Gesalt vor brennen-

der Leidenschaft glühte, einer unausgesproche-
nen Liebe und der grenzenlosen Glut einer un-
erfüllten Hoffnung:

»O leidende Welt, meiner irdischen Erinnerung
bekannt oder nicht, die du gefangen bist in diesem universellen Netz aus Leid und Tod und
aus dem Leben, das die beiden zusammenbin-
det! Ich sehe und fühle den riesigen Kampf des
inneren Leidens, der sich ununterbrochen auf
der Erde abspielt. Ich sehe, wie leer die Freude
hier ist, wie unzulänglich das Beste und wie be-
drückend das Schlimmste. Das Vergnügen endet im Schmerz, die Jugend im Alter, die Liebe
im Verlust, das Leben im verhaßten Tod, der
Tod in einem unbekannten Leben, das die Menschen nur wieder an das Rad ihres Schicksals
bindet, damit sie wieder und wieder durch den
Strudel der falschen Vergnügungen gewirbelt
werden und durch den Schmerz, der aber echt
ist.
Auch mich hat diese Verlockung betrogen,
auch mir erschien das Leben lieblich, ein sonni-
ger Strom, der in unveränderlichem Frieden dahinfließt. Aber das übermütige Gurgeln der Bä-
che, das so leicht an Blumen und Rasen vorbei-
tanzt, ergießt die kristallene Flut nun um so
schneller in die faulige Salzflut des Meeres.
Doch der Schleier, der mir die Sicht nahm, ist
zerrissen. Ich bin eins mit all diesen Menschen,

die ihre Götter anrufen, ohne daß man sie hört und ohne daß man sich um sie kümmert. Es muß eine Hilfe geben, für mich und für diese alle. Die Götter selbst brauchen Hilfe, denn sie sind so schwach, daß sie nicht helfen können, wenn traurige Lippen sie anrufen. Ich würde niemanden vergeblich rufen lassen, den ich retten kann. Wie kann es sein, daß der Schöpfergott Brahma eine Welt erschafft und sie im Leid dahinleben läßt? Wenn er, der Allmächtige, es gestattet, dann ist der nicht gut. Und wenn er nicht die Macht hat, etwas zu ändern, dann ist er nicht Gott!

Channa! Führe mich wieder nach Hause! Es ist genug! Meine Augen haben genug gesehen!«

Als der König das hörte, ließ er an den bronzenen Toren dreifache Wachen aufziehen und gebot, daß niemand bei Tag oder bei Nacht hinein- oder hinausgehen dürfe, solange nicht die sieben Tage vorbei seien, die ihm sein Traumgesicht gedeutet hatte.

VIERTES BUCH

Der große Entschluß

Und doch mußte der Aufbruch unseres Herrn in diesen Tagen geschehen. Der goldene Palast sollte darüber in Klagen ausbrechen, der König und das ganze Land sollten mit Schmerz erfüllt werden. Aber zugleich bedeutete der Aufbruch des Prinzen die Erlösung allen Fleisches und die Verkündung jenes großen Gesetzes, das jeden frei macht, der es hört.

Zart senkte sich die indische Nacht über die Ebene herab. Es war Vollmond und der Monat, den man Chaitra Shud nennt, die Zeit, da die Mangos rot werden und die Knospen der Asoka-Blüte ihren süßen Duft verströmen, wo man den Geburtstag des großen Rama feiert, wo die Felder sprießen und die Städte ihre fröhliche Zeit haben. Zart fiel diese Nacht über Vishram-van. Die Blüten dufteten, und der Himmel war dicht mit den Juwelen der Sterne besetzt. Vom ewigen Schnee des Himalaya kam kühle Bergluft zu Tale wie ein Seufzen. Der Mond war über den östlichen Bergspitzen aufgegangen und stieg höher und höher am Himmelsgewölbe. Hell beleuchtete er die kräuselnden Wasser des Rohini-Flusses, die Berge und Täler und das ganze schlafende Land und auch die Dächer des Palastes, wo sich nichts rührte und wo auch keiner wachte, ausgenommen an den bronzenen Toren, wo die Wächter jedem das Codewort »Mudra« zuriefen und auf das andere Codewort »Angana« warteten und wo die Wächter regelmäßig ihre Trommeln schlugen. Still lag die Erde da, nur gelegentlich streiften Schakale umher, und das endlose Zirpen der Grillen surrte durch die Gärten.

Im Inneren des Palastes, wo der Mond durch die Luftlöcher schien, die man im Mauerwerk gelassen hatte, und die aus Perlmutter gearbeiteten Wände beschien und den Boden, der mit geädertem Marmor gepflastert war, fielen seine Strahlen auf die auserwählte Schar indischer Mädchen, die in einem Zimmer schliefen, das jene Stätte des Paradieses zu sein schien, wo die Göttinnen ihren Ruheplatz haben. Alle die Erwählten von Prinz Siddharthas Palast waren da, die Schönsten und die Treuesten des ganzen Hofes, und eine jede war so schön anzuschauen im Frieden des Schlafes. Von jeder hätte man sagen können: »Sie ist die Perle von allen!«

Aber neben ihr oder ein Stückchen weiter weg lag wieder eine, die war noch viel schöner. Der Blick, der über sie alle hinglitt, feierte ein Fest der Schönheit, so als würde er in der Sammlung der Werke eines großen Goldschmiedes von Edelstein zu Edelstein wandern und vom Glanz eines jeden so lange gefangen sein, bis er sich dem nächsten zuwendet.

In unbekümmerter Anmut lagen sie da, ihre weichen braunen Glieder nur zum Teil bedeckt, ihr glänzendes Haar mit Goldketten oder Blumen zurückgebunden oder frei fließend in schwarzen Wellen. Sie waren in den Schlaf gesunken nach ihrer vergnüglichen Arbeit, die nicht anstrengender war als die der bunten Vögel, die den ganzen Tag über mit Liebe und mit Singen beschäftigt sind und dann den Kopf zwischen die Flügel stecken, bis sie der heraufdämmernde Morgen wieder zu neuer Liebe und neuem Singen erweckt.

An der Decke hingen an Silberketten Lampen von getriebenem Silber, in denen duftendes Öl brannte. Sie warfen im Mondlicht zarte Schatten, durch die die vollkommene Anmut der Schönen offenbar wurde: das gefällige Heben und Senken ihrer Brust, die Handflächen mit der zarten Farbbemalung, die Hände, die herabhingen oder ineinander verschlungen waren, ihre Gesichter, einige hell- und einige dunkelhäutig mit dem großen Rund der Augenbrauen, die leicht geöffneten Lippen, die Zähne, die wie Perlen waren, aus denen ein Goldschmied eine Kette gestalten würde, die Augen, die von den geschlossenen, samtenen Lidern bedeckt waren, die anmutigen Wangen, die runden Formen der Hand- und Fußgelenke, die zarten, kleinen Füße, an denen Schmuckbänder und Glöckchen angebracht waren, die wie leise Musik erklangen, wenn eine der Schläferinnen sich bewegte, wenn ihr lächelnder Traum von einem neuen Tanz, den der Prinz gelobt hatte, von einem Zauberring, den man finden konnte, oder von dem Geschenk einer liebenden Fee zu Ende ging.

Eines der Mädchen lag da, die Vina an ihrer Wange, die zarten Finger immer noch an ihren Saiten, als hätten die letzten Noten des unterhaltsamen Liedes, das sie darauf gespielt hatte, nicht nur die strahlenden Augen des Prinzen in den Schlaf gesungen, sondern auch ihre eigenen. Eine andere lag schlafend da und hielt in ihren Armen eine Wüstenantilope, den schlanken Kopf mit den schwarzen zurückgebogenen Hörnern an ihre Brust gedrückt, wie ein schlafendes Kind. Das Tier hatte, als beide einschliefen, rote Rosen gefressen. Die Hand des Mädchens hielt immer noch eine davon, die halb angefressen war, und ein eingerolltes Rosenblatt hing immer noch an der Schnauze des Tieres. Dort lagen zwei Freundinnen nebeneinander, welche Knospen von Mogra-Blüten in den Händen hielten, aus denen sie zusammen eine sternenbesäte Girlande geflochten hatten. Diese Girlande verband sie jetzt miteinander, ein

Herz mit dem anderen; die eine lag mit dem Kopf auf den Blüten, die andere auf ihr. Wieder ein anderes der Mädchen hatte, ehe sie eingeschlafen war, edle Steine zu einem Halsband auf eine Schnur aufgefädelt: Achat, Onyx, Narde, Korallen und Mondstein. Um ihr Handgelenk war es jetzt gebunden wie eine Schlange von strahlenden Farben. Und in der einen Hand hielt sie immer noch den letzten Stein, der aber noch nicht aufgefädelt war. Das war ein grüner Türkis, in den goldene Schriftzeichen und Zeichnungen von Göttern eingeritzt waren.

In den Schlaf gewiegt durch das Murmeln des Baches, der durch den Garten floß, lagen sie auf dem Teppich, jede eine Rose mit geschlossenen Blütenblättern, die darauf wartete, von der Morgendämmerung geöffnet zu werden, um zur Schönheit des jungen Tages beizusteuern.

Dies war das Vorzimmer des prinzlichen Gemachs. An der Schwelle zu diesem aber schliefen die Allerschönsten: Gunga und Gotami, die ersten Dienerinnen in diesem stillen Haus der Liebe.

Da kam der Vorhang, purpurrot und blau mit eingestickten Goldfäden über einem Türrahmen aus geschnitztem Sandelholz. Und drei Schritte von diesem entfernt war das innerste Heiligtum. Auf einem Podest, leicht erhöht, stand dort das Ehebett des Prinzen. Das Podest war mit weichem silberfarbigem Stoff überzogen, auf dem der Fuß einsank, als schritte er über Berge von Neem-Blüten. Die Wände waren von Perlmutter aus dem Meer um die Insel Lanka, jede einzelne Muschelschale genau passend ausgeschnitten. Die Zimmerdecke war aus Alabaster, reich verziert mit Einlegearbeiten aus Lapislazuli, Jade, Hyazinth und Jaspis, welche Lotosblüten und Vögel darstellten. Auch noch an den Wänden gab es diese Einlegearbeiten als Einfassung der Fenster, wo das Mondlicht durch steinernes Gitterwerk ins Innere des Raumes drang, zusammen mit dem kühlen Atem der Nachtluft, in die der Blütenduft von Jasmin gemischt war. Doch all diese Anmut und Schönheit wurde übertroffen durch die Gegenwart des Sakya-Prinzen und seiner edlen Gemahlin Yasodhara.

Halb von ihrem Ruheplatz zur Seite des Prinzen erhoben, hatte die liebliche Prinzessin das Gesicht mit beiden Händen bedeckt und lehnte an der Rückwand ihres Bettes. Der Chuddar, der ihren Körper bedeckte, war herabgefallen und hatte sie bis zur Hüfte entblößt. Ihr Atem ging schwer, und Tränen kamen aus ihren Augen. Dreimal berührte sie Siddharthas Hand mit ihren Lippen, und beim dritten Mal sagte sie mit klagender Stimme: »Erwache, mein Prinz, gib mir den Trost deiner Rede!«

Da sagte er: »Was ist mit dir, o du mein Leben?«

Aber sie brachte erneut nur Klageworte hervor, ehe sie imstande war zu sprechen: »Siehe, mein Prinz, weil ich so glücklich war, bin ich am Abend schneller in den Schlaf gesunken, denn ich trage ein Kind von dir unter dem Herzen. Mein Herz schlägt dem der Kraft zweier Leben und zweifacher Freude und Liebe. Diese süße Musik wiegte mich in den Schlaf. Aber ach, im Schlaf sah ich drei drohende Traumgesichter, an die zu denken mein Herz jetzt zittern macht!

Ich sah einen weißen Stier mit weit auseinandergehenden Hörnern, den edelsten aller Weidegründe, wie er durch die Straßen schritt. Auf der Stirn trug er einen Edelstein, der leuchtete, als hätte ihm ein Stern seinen Glanz verliehen, wie der Kantha-Stein, der der großen Schlange, die im Inneren der Erde wohnt, das Tageslicht in ihre unterirdische Wohnstatt bringt. Dieser Stier bewegte sich auf das Stadttor zu, und keiner konnte ihn anhalten, obwohl aus dem Tempel des Götterkönigs Indra eine Stimme kam, die sagte: ›Wenn ihr ihn nicht daran hindert, dann wird der Ruhm dieser Stadt euch verlassen.‹

Aber keiner konnte ihn anhalten. Da weinte ich laut und hielt meine verschränkten Arme um seinen Nacken und bemühte mich, ihn am Durchschreiten des Stadttores zu hindern. Aber dieser König der Stiere brüllte nur, und leicht gelang es ihm, mich abzuschütteln, und er durchbrach die Absperrung, zertrampelte die Wächter und lief durch das Tor.

Der zweite Traum aber war so: Ich sah vier Lichtgestalten mit leuchtenden Augen, die so schön waren, daß sie mir die vier Herrscher der Erde zu sein schienen, die auf dem Berg Sumeru leben. Sie kamen vom Himmel herab mit einem Gefolge zahlloser himmlischer Wesen in unsere Stadt, wo ich die goldene Flagge des Indra erst flattern und dann fallen sah. Und siehe, statt ihrer wurde ein strahlendes Banner aufgezogen, aus dessen Falten das blitzende Licht von Rubinen erstrahlte, die dicht aneinander mit Silberfäden aufgenäht waren. Die Strahlen aus diesem Banner begannen neue Worte zu formen und machtvolle Sätze, deren Botschaft alle lebendigen Geschöpfe froh machte. Und von Osten her blies der Wind des Sonnenaufganges und öffnete mit zarter Kraft juwelenbesetzte Schriftrollen, so daß alles Fleisch sie sollte lesen können. Und wunderbare Blumen – ich weiß nicht, aus welcher Gegend der Welt sie stammen – fielen wie ein Schauer vom Himmel, doch sie waren von anderer Farbe als die Blüten unserer Gärten.«

Da sprach der Prinz: »Es ist gut, meine Lotos-
blume, daß du das gesehen hast.«

»Wohl, mein Herr«, sagte die Prinzessin, »aber
der Traum endete mit einer furchtbaren Stimme, welche ausrief: ›Die Zeit ist nahe! Die Zeit
ist nahe!‹

Und dann kam der dritte Traum: Ich suchte deine Nähe, mein edler Gebieter. Aber auf deinem
Bett lag nur ein unberührtes Kissen und ein un-
benütztes Gewand, von dir selbst aber war keine Spur. Du, der du mein Leben und mein Licht
bist, mein König und meine ganze Welt, nichts
war von dir zu sehen. Und im Traume stand ich
auf und sah, wie sich dein Perlengürtel, den ich
um meinen Leib geschlungen trage, in eine
Schlange verwandelte, und diese Schlange hat
mich gebissen. Die Ringe fielen von meinen
Fußgelenken, und meine goldenen Spangen
zerbrachen und fielen zu Boden. Die Jasminblüten in meinem Haar verwelkten zu Staub, und
dieses unser Ehebett brach in sich zusammen.
Der purpurne Vorhang vor unserem Gemach
wurde heruntergerissen, und aus weiter Entfernung hörte ich wieder das Brüllen des weißen
Stieres und sah das bestickte Banner flattern,
und wieder hörte ich den Ruf: ›Die Zeit ist gekommen!‹

Und mit diesem Ruf, der noch jetzt meinen
Geist erschüttert, bin ich erwacht, o Prinz! Was

können solche Visionen bedeuten, außer daß ich sterben werde oder – was schlimmer wäre als jeder Tod – daß du mich verläßt oder mir weggenommen wirst?«

Zärtlich wie das letzte Lächeln der sinkenden Sonne war sein Blick, mit dem Siddhartha sich über seine weinende Gemahlin beugte. »Sei getrost, meine Liebe!« sagte er. »Wenn dir wandellose Liebe Trost bedeutet, wenn auch deine Träume Schatten künftiger Ereignisse sein mögen und wenn auch die Götter auf ihren Thronen erschüttert werden und die Welt nahe daran ist, den Weg ihrer Rettung zu erfahren, was immer dein Los sein mag und das meine – sei versichert, daß ich Yasodhara liebe und geliebt habe.

Du weißt, wie sehr ich in all diesen Monaten nachgedacht und einen Weg gesucht habe, der traurigen Erde, die ich gesehen habe, Erlösung zu bringen. Und wenn die Zeit gekommen ist, dann wird kommen, was kommen wird. Wenn sich meine Seele schmerzlich nach Seelen sehnt, die ihr noch unbekannt sind, und wenn ich traure um eine Trauer, die nicht die meine ist, dann urteile du, ob diese Gedanken, die mich beflügeln, hier verweilend bleiben müssen mit all diesen Gefährten, die mir hier das Leben versüßen. Sie alle sind mir teuer, und du bist mir die Teuerste, die Edelste, die Beste und die Nächste, und du bist die Mutter meines Kindes, indem sich dein Blut mit dem meinen vermischt hat als die edle Hoffnung für die Zukunft.

Auch wenn mein Geist noch so viel gewandert ist und die Länder und Meere duchstreift hat, voll Mitleid mit den Menschen, so bin ich doch – wie die Taube, die auch dann, wenn sie noch so weit fliegt, im Geist mit den Jungen in ihrem Nest verweilt – immer wieder glücklich zu dir nach Hause gekommen, zu meiner Leidenschaft für dich, die du die anmutigste unter den Meinen bist, die beste unter den Guten, die edelste unter den Edlen und vor allem die meine.

Was auch immer jetzt geschehen mag, denke an den königlichen Stier, den du brüllen hörtest, und an das juwelenbesetzte Banner, das du wehen sahst. Sei des einen versichert: Ich habe dich immer geliebt und ich werde dich immer lieben. Was ich für alle suche, das suche ich am meisten für dich. Sei getrost. Wenn Sorge über dich kommt, dann schöpfe deinen Trost aus dem Gedanken, daß es sein kann, daß unser Leid der Welt den Weg zum Frieden öffnet. Nimm mit dieser Umarmung alles, was getreue Liebe und Dank und Segen spenden kann. Es ist allzu wenig, denn die Stärke des Liebenden ist allzu gering.

Küsse mich auf den Mund und trinke diese
Worte, die von meinem Herzen kommen, mit
dem deinen, damit du weißt, was die anderen
nicht wissen: daß ich dich deshalb so sehr liebe,
weil meine Liebe allen Seelen gilt. Ruhe jetzt,
Prinzessin, denn ich werde mich erheben und
Wache halten.«

Darauf schlief sie in Tränen wieder ein, aber sie
seufzte im Schlaf, so als wären ihre Visionen
wiedergekommen, als hörte sie wieder den Ruf:
»Die Zeit! Die Zeit ist gekommen!«

Siddhartha aber wandte sich zum Himmel, und
siehe, der Mond stand im Zeichen des Krebses.
Die Sterne standen in ihrem Silberglanz in genau der Ordnung, wie sie für seinen Abschied
lange vorhergesagt worden war, so als wollten
sie im sagen: »Dies ist die Nacht! Jetzt mußt du
dich entscheiden zwischen dem Weg der Größe
und dem Weg des Guten. Du kannst herrschen
als ein König von Königen, oder du kannst allein dahinwandeln, ohne Krone und heimatlos,
als Hilfe für die ganze Welt.«

Die Dunkelheit flüsterte ihm zu. Das Flüstern
erreichte ihn als jenes warnende Lied, das ihm
einst die Devas gesungen und das der Wind ihm
zugetragen hatte. Und zweifellos waren Götter
an diesem Platz versammelt und sahen unserem Herrn zu, als dieser die leuchtenden Sterne
betrachtete.

»Ich werde gehen«, sprach er, »die Stunde ist gekommen! Deine zarten Lippen, o teure Schlafende, ermahnen mich, das zu tun, was der Erde Erlösung bringt, was uns aber trennt. Und auf dem stillen Himmel lese ich in leuchtender Schrift geschrieben die Botschaft meines Schicksals. Bis hierher bin ich gelangt. Hierher haben die Erfahrungen all meiner Nächte und Tage mich geführt. Ich will die Krone nicht besitzen, die mir zugedacht ist. Ich verzichte auf jene Königreiche, die auf das Blitzen meines entblößten Schwertes warten. Nicht soll mein Wagen mit blutigen Rädern von Sieg zu Sieg rollen und die Geschichte meines Namens mit Blut auf den Boden der Erde schreiben. Ich habe mich entschlossen, die Pfade der Erde mit geduldigen, unbefleckten Füßen zu wandlen, in ihrem Staub mein Lager zu haben, an ihren einsamsten Plätzen meine Wohnung und unter ihren geringsten Geschöpfen meine Gefährten. Das Gewand, das ich trage, soll nicht stolzer sein als der Ausgestoßene, und meine Nahrung soll nur das sein, was mir die Mitleidigen freiwillig geben. Meine Behausung soll nicht prunkvoller sein, als die düstere Höhle oder das Unterholz des Dschungels.

Das will ich tun, weil der wehevolle Ruf des Lebens und aller lebendigen Geschöpfe an meine Ohren gekommen ist und weil meine Seele von

Mitleid mit der Krankheit dieser Welt erfüllt ist. Ich will diese Krankheit heilen, wenn überhaupt eine solche Heilung in der größten Entsagung der härtesten Bemühungen gefunden werden kann.

Die Götter, die wir kennen, die großen und die geringeren, wo ist ihre Macht? Wo ist ihr Mitleid? Wer hat sie gesehen? Was haben sie vollbracht, ihren Anbetern zu helfen? Was hat es den Menschen genützt, zu beten und ihren Zehnten an Getreide und Öl zu bezahlen, Zaubersprüche zu rezitieren, schreiende Opfertiere zu töten, stattliche Tempel zu errichten, für den Unterhalt der Priester zu sorgen und Vishnu, Shiva oder Surya, den Sonnengott, anzurufen? Niemanden, auch nicht jene, die es am ehesten verdient hätten, haben diese Götter vor jenen traurigen Erlebnissen bewahrt, durch die jene Gesänge der Schmeichelei und der Furcht inspiriert sind, die wie verschwendeter Rauch Tag für Tag zum Himmel aufsteigen.

Ist irgendeinem meiner Brüder dadurch das Leid des Lebens erspart geblieben, die Schicksalsschläge des Lebens und des Verlierens, das feurige Fieber und der Schüttelfrost, das langsame, dumpfe Versinken in das welke Greisenalter oder der furchtbare, dunkle Tod und das, was jenseits von ihm wartet, das Wiederaufsteigen des ständig sich drehenden Rades, durch das neues Leben neue Sorgen bringt und neue Wünsche für neue Generationen von Menschen, die wieder auf die gleiche unwürdige Art ihr Ende finden? Hat irgendeine meiner zarten Schwestern eine Belohnung für ihr Fasten oder für das Singen der heiligen Gesänge erhalten, oder ist durch den weißen Käse oder die wohlgeformten Blätter des Tulsi-Baumes, die sie geopfert hat, der Schmerz bei der Geburt eines ihrer Kinder verringert worden?

Nein, es mag sein, daß einige der Götter gut sind und die anderen übel, aber alle sind sie schwach. Mitleidsvoll sind sie und mitleidlos zugleich, und so wie für die Menschen gibt es auch für sie vergangene und zukünftige Leben. Auch sie sind an das Rad der Veränderung gebunden. Denn dies wahrhaft scheinen unsere heiligen Schriften zu lehren: Sobald das Leben – wie und wann immer – begonnen hat, dreht sich sein Rad. Es erhebt sich vom Sonnenstäubchen zur Mücke, über den Wurm, das Reptil, den Fisch, den Vogel und das zottige Tier zum Menschen, zum Dämonen, zum Deva, zum Gott und sinkt dann wieder zum Stäubchen und zur Mücke herab. So sind wir mit allem verwandt, was existiert.

Wenn es jemandem gelingt, den Menschen von seinem Fluch zu befreien, dann würde die Verringerung seines Schreckens allen zugute kommen, denn dieser Schrecken kommt aus der Unwissenheit. Sein Schatten ist eisige Furcht, und Grausamkeit ist ein bitterer Zeitvertreib. Oh, könnte man die Welt doch erlösen! Es muß ein Mittel geben! Es muß eine Zuflucht geben!

Die Menschen sind nur so lange in den Winterstürmen erfroren, bis es gelang, Feuer aus den harten Steinen zu schlagen, die aber den kostbaren roten Funken der brennend machenden Sonne kalt verborgen hielten. Und die Menschen haben auch nur so lange wie die Wölfe das Fleisch verschlungen, bis einer begann, Korn anzubauen, das als ein Unkraut immer schon da war und jetzt den Menschen das Leben gibt. Sie stammelten und lallten sinnlose Laute, bis die Zunge eines von ihnen zu sprechen begann, und geduldige Finger lernten die Klänge in Form von Buchstaben niederzuschreiben. Alles, woran sich meine Brüder erfreuen, kam aus ihrer Suche, aus ihrer Bemühung und aus liebevoll gegebenem Opfer. Was könnte ich da geben, da ich bedeutend und vom Gück begünstigt bin, reich, gesund und frei, zum Herrschen geboren, ein König der Könige, wenn ich herrschen würde?

Noch bin ich nicht ermüdet von der langen Dauer des Lebens, sondern in der Frische der Jugend. Noch bin ich hungrig und nicht von den

Genüssen der Liebe übersättigt. Noch bin ich nicht verwelkt und erfüllt von der traurigen Weisheit des Alters. Noch freue ich mich an Glanz und Anmut, mit denen das Übel gemischt ist, noch bin ich frei, das Lieblichste der Erde zu erwähnen. Keine Schmerzen leide ich, keinen Mangel und keine Trauer, ausgenommen das Leid, das nicht das meine ist, das daher kommt, daß ich ein Mensch bin. So viel habe ich zu geben! Was alles könnte ich gewinnen, wenn ich alles hingeben würde um der Liebe zu den Menschen willen, um mich hinfort der Suche nach der Wahrheit zu widmen!

Das Geheimnis der Erlösung möchte ich lüften! Ob es sich nun im Himmel verbirgt oder in den Unterwelten oder ob es über uns allen schwebt, noch ohne daß wir es kennen. Am Ende muß ich es finden. Irgendwann, irgendwo, und sei es an einem fernen Ort, wird es der durchdringende Blick meiner Augen erspähen. Die Straße muß sich auftun vor meinen schmerzenden Füßen, die ich dafür gewinne, daß ich die Welt verlor. Und der Tod wird mich finden als den Bezwinger des Todes.

Das will ich tun, der ich ein Königreich zu verlieren habe, weil ich mein Königreich liebe, weil mein Herz mit allen Herzen schlägt, die leiden, ob ich sie jetzt kenne oder nicht, mit denen, die mein sind, und den tausend Millionen mehr, die noch mein sein werden, wenn sie erst durch das Opfer, das ich jetzt bringe, erlöst sind.

O ihr Sterne, die ihr mich gemacht habt, o du trauernde Erde, ich komme! Für euch und die Euren gebe ich meine Jugend, meinen Thron, mein Ergötzen, meine goldenen Tage, meine Nächte, meinen Palast des Glückes und deine Arme, o süße Königin. Schwerer verzichte ich auf dich als auf alles andere! Aber auch dich werde ich erlösen, wenn ich die Erde erlöse und mein Kind, das sich in deinem zarten Leibe regt, die verborgene Blüte unserer Liebe, auf dessen Geburt ich nicht warten kann, um es zu segnen, weil mir sonst der Mut versagen würde. O Weib, o Kind, mein Vater und mein Volk! Wir müssen den Schmerz dieser Stunde für eine kleine Weile ertragen, damit sich das Licht Bahn brechen kann und alles Leben die Botschaft erfährt von dem großen Gesetz. Mein Entschluß steht fest, ich werde jetzt gehen. Und ich werde nicht zurückkehren, ehe ich gefunden habe, was ich suche. Und wenn das, was ich suche, durch eifriges Suchen und Bemühen überhaupt gefunden werden kann, dann werde ich es finden.«

Mit seiner Stirn berührte er die Füße, und mit unaussprechlicher Bewunderung nahm er Abschied von ihrem schlafenden Gesicht, auf dem

immer noch Tränen schimmerten. Dreimal
ging er ehrfürchtig um die Schlafende herum,
als wäre sie ein Altar. Leisen Schrittes ging er,
die Hände an sein klopfendes Herz gelegt. »Niemals«, so sprach er, »werde ich je wieder bei dir
liegen!«
Dreimal war er entschlossen zu gehen, aber
dreimal kam er wieder zu ihr zurück – so groß
war die Macht ihrer Schönheit, so groß war seine Liebe. Dann aber hielt er sich ein Tuch vors
Gesicht, drehte sich um und hob den Vorhang
auf, der über dem Eingang seines Schlafgema-
ches lag.
Da sah er die lieblichsten Blüten der indischen
Mädchen still im tiefsten Schlaf liegen, wie nur
Wasserlilien ihn kennen. Wie zwei dunkle Lo-
tosknospen lagen da Gunga und Gotami und alle ihre in Seide gehüllten Schwestern.
»Süß seid ihr mir, teure Freundinnen«, sagte er,
»und schwer fällt es mir, euch zu verlassen.
Aber wenn ich euch nicht verlasse, was kann
dann anderes kommen als irgendwann ein gna-
denloser und sinnloser Tod? Seht, so wie ihr
jetzt schlafend daliegt, so werdet ihr einst im
Tode liegen. Und wenn die Rose stirbt, wo bleiben dann ihr Duft und ihre Schönheit? Wenn
der Brennstoff der Lampe verbraucht ist, wohin
fließt dann ihre Flamme? O Nacht, drücke fest
ihre Lider zu und verschließe ihre Lippen, da-

mit keine vertraute Stimme und keine Tränen mich halten. Denn so wie mir diese das Leben versüßt haben, ist es jetzt bitter, wenn ich sie verlasse. Geradeso muß es den Blättern eines Baumes ergehen, wenn sie sterbend von ihm abfallen, wenn nach dem Frühjahr und der Regenzeit der Winter gekommen ist oder wenn eine Axt den Baum umschlägt.

Darauf will ich nicht warten. Ich habe hier das Leben eines Gottes gelebt, und ich möchte nicht darauf warten, daß von selbst das Ende kommt. Jeden einzelnen Tag hier habe ich gelebt wie ein Gott, während andere Menschen unter ihrem bitteren Schicksal stöhnten. Ich sage jetzt: Lebt wohl, meine Freunde! Ich opfere mein Leben, solange es schön ist, und ich gehe hin, die Erlösung zu suchen und dieses unbekannte Licht!«

Vorsichtig, keine zu wecken, stieg Siddhartha über die schlafenden Körper der Mädchen und ging hinaus in die Nacht. Die Augen der Nacht, die ewig wachenden Sterne, sahen ihn mit liebevollem Blick an. Der Atem der Nacht, der wandernde Wind, küßten den flatternden Saum seines Kleides. Die Blumen im Garten hatten für die Dauer der Nacht ihre Kelche geschlossen und warteten auf das Morgengrauen. Jetzt öffneten sie ihre samtenen Herzen und wehten ihm aus rosaroten und purpurroten Schalen ihren süßen Duft zu. Über das ganze Land vom Himalaya bis zum Indischen Meer ging ein Zittern, als würde die Seele der Erde von einer nie gekannten Hoffnung bewegt.

Die heiligen Bücher, die die Geschichte unseres Herrn erzählen, sagen, daß in jener Nacht eine wunderschöne, himmlische Musik die Luft erfüllte, die von riesigen Scharen leuchtender Gestalten ausging, die nach Osten und nach Westen drängten und die Nächte erhellten und nach Norden und nach Süden hin der Erde die Freude brachten. Auch jene vier gefürchteten Herrscher der Erde stiegen – je zwei – zum Tor des Palastes herab. Ihnen folgten die hellen Heerscharen der Unsichtbaren mit ihren Schilden aus Saphir, Silber, Gold und Perlen. Sie alle hielten einander an den Händen und sahen zu, wie jener indische Prinz dastand und seine tränenerfüllten Augen zu den Sternen hob, wobei seine geschlossenen Lippen zugleich Entschlossenheit und ungeheure Liebe ausdrückten. Dann ging er in die düstere Nacht hinaus und rief: »Channa, wach auf! Bring mir Kantaka!«

»Was befiehlt mein Herr?« fragte ihn der Wagenlenker, wobei er sich langsam von seinem Schlafplatz neben dem Tor erhob. »Möchte mein Herr jetzt ausreiten, wo alle Wege dunkel sind?«

»Sprich leise«, sagte Siddhartha, »und bring
mir mein Pferd. Denn jetzt ist die Stunde gekommen, wo ich dieses goldene Gefängnis verlassen muß, in dem mein Herz eingesperrt ist.
Ich tue es, um die Wahrheit zu finden, die ich
von nun an suchen will, zum Segen aller Menschen. Und ich werde nicht aufgeben, ehe ich
sie gefunden habe.«
»O teurer Prinz«, antwortete der Wagenlenker,
»haben wir jetzt vergebens darauf gewartet, daß
König Suddhodanas großer Sohn Königreiche
über Königreiche regieren und ein Herr der Herren sein würde, wie es uns jene Weisen und heiligen Männer vorausgesagt haben, die den Lauf
der Gestirne berechnen? Willst du von hinnen
reisen und dir die Reichtümer der Welt entge-
hen lassen, nur um eine Bettlerschale zu halten? Willst du in die Wildnis gehen , wo du keine Freunde hast, wo du doch hier über ein Paradies der Freunde gebietest?«
Darauf sagte der Prinz: »Das zu tun bin ich hier-
hergekommen und nicht der Throne wegen.
Das Königreich, nach dem ich mich sehne, ist
mehr wert als viele irdische Königreiche, denn
alle irdischen Dinge unterliegen der Veränderung und dem Tod. Bring mir Kantaka!«
»Ehrwürdiger Prinz«, sprach da der Wagenlenker, »denk an die Trauer deines Vaters, der mein
Herr ist. Denk an das Leid derer, deren Freude

du jetzt bist. Willst du ihnen helfen, wenn du sie zuerst in solches Leiden stürzt?«

Und Siddhartha antwortete: »Freund, eine Liebe, die des selbstsüchtigen Vergnügens wegen an ihrem Gegenstand hängt, ist falsch. Aber ich liebe meine Geliebten mehr als meine eigene Freude, ja sogar mehr als deren eigene Freude. Deshalb muß ich jetzt gehen, um ihnen Erlösung zu bringen und allem, was lebt, diese Erlösung zu bringen, sofern die allergrößte Liebe das vermag. Geh, bring mir Kantaka!«

Da sagte Channa: »Ich gehe, Meister«, und traurig ging er zum Stall, nahm das silberne Zaum- und Sattelzeug vom Regal, zog die Riemen fest an, hängte sie in die Haken ein und führte Kantaka heraus. Dann, während er ihn am Halteseil hielt, striegelte er sein weißes Fell, bis es einen seidigen Glanz ausstrahlte. Dann legte er ihm eine Decke über und noch ein Satteltuch und legte ihm den Sattel auf. Fest zog er die juwelenbesetzten Gurte an und hängte zuletzt noch die goldenen Steigbügel ein. Darüber warf er noch ein goldgewirktes Netz mit Einsprengungen aus Perlmutter, an dem silberne Bänder angebracht waren, und führte das edle Pferd zum Tor des Palastes, wo der Prinz stand.

Als das Pferd seinen Herrn erblickte, schien es noch größer und edler zu werden. Freudig wiehernd schnaufte es aus den scharlachroten Nüstern.

Und in den Büchern steht geschrieben: »Sicher hätten alle das laute Wiehern von Kantaka gehört und das laute Getrampel seiner eisenbeschlagenen Hufe, hätten die Devas nicht leise ihre unsichtbaren Flügel über die Ohren der Menschen gelegt, so daß diese nicht aus dem Schlaf geweckt wurden.«

Freudig zog Siddhartha den stolzen Kopf des Tieres zu sich herunter, streichelte den leuchtenden Nacken und sagte: »Sei ruhig, mein weißer Kantaka, sei ruhig und mach jetzt mit mir die weiteste Reise, die je ein Reiter getan hat. Denn in dieser Nacht besteige ich mein Pferd, um die Wahrheit zu finden, und ich weiß nicht, wo meine Suche enden wird. Ich weiß nur, sie wird nicht enden, bevor ich die Wahrheit gefunden habe. Sei deshalb mutig und wild in dieser Nacht, mein guter Hengst! Laß nichts dich halten, auch wenn dir tausend Klingen den Weg versperren wollen. Weder Wall noch Graben darf unsere Flucht verhindern. Siehe, wenn ich so deine Flanken berühre und rufe: ›Los, Kantaka!‹, dann mußt du schneller sein als der Wirbelwind! Sei Feuer und Wind! Bring deinen Herrn ans Ziel, und du wirst teilhaben an der Größe seiner Tat, die eine Hilfe ist für die Welt. Denn dazu reite ich hin, nicht für die Menschen

allein, sondern für alles, was existiert, auch
wenn es nicht sprechen kann und doch Schmerzen leidet wie wir und keine Hoffnung hat und
nicht einmal den Mut, um Hoffnung zu bitten.
Trag also mutig deinen Herrn!«

Mit einem leichten Sprung schwang sich Siddhartha in den Sattel und berührte den runden
Rücken des Pferdes. Da sprang Kantaka davon,
daß die beschlagenen Hufe Feuerfunken aus
den Steinen schlugen, und man hörte seine
Zähne knirschen.

Und doch hörte es niemand. Denn die reinen
der Devas waren herbeigeeilt, hatten rote Mogra-Blüten gepflückt und streuten sie dicht
überall dort, wo der Huf des Pferdes auftrat, und
mit unsichtbaren Händen machten sie das Geräusch der knirschenden Zähne des Pferdes und
der klingenden Zaumketten unhörbar. Und es
steht auch geschrieben, daß die hilfreichen
Yaksha-Geister der Luft magische Teppiche unter die Hufe des Pferdes legten, als dieses über
die gepflasterte Straße nahe dem inneren Tor
galoppierte. So glitten Roß und Reiter unhörbar
dahin. Und als sie die dreifachen Bronzetore er-
reichten, die kaum hundert Mann entriegeln
und öffnen konnten, siehe, da öffneten sich diese unhörbar von selbst, obwohl man ihr Öffnen
am Tage zwei Meilen weit wie rollenden Donner hören konnte.

Und ebenso still öffneten sich das mittlere Tor und das äußere, als Siddhartha mit seinem Hengst in die Nähe kam. Und im Schatten dieser Tore lagen die ausgewählten Wächter schlafend; Lanze, Schwert und Schild waren ihnen entfallen. Alle schliefen sie, Offiziere und Mannschaften, denn eine einschläfernde Brise wehte den Weg des Prinzen entlang. Wer einen Atemzug davon nahm, verlor die Besinnung. Und so verließ der Prinz ungehindert den Palast.

Als der Morgenstern schon eine halbe Speerlänge hoch über dem Horizont stand und der Atem des Morgens über die Erde wehte, hatte der Prinz den Fluß Anoma erreicht, der die Grenze zum benachbarten Königreich war. Er faßte sein Pferd am Zügel, sprang ab, küßte seinen weißen Kantaka zwischen die Ohren und sprach sehr liebevoll zu seinem Wagenlenker Channa, der mit ihm gekommen war:

»Was du heute getan hast, soll dir Gutes bringen und soll allen Geschöpfen zum Heile gereichen. Ich werde dich immer lieben, als Ewiderung deiner Liebe. Bring jetzt mein Pferd zurück, nimm die Perle aus meinem Haar, meine prinzlichen Gewänder, die fortan nicht mehr für mich bestimmt sind, meinen juwelenbesetzten Gürtel, mein Schwert und meine langen Locken, die ich hier jetzt mit der Schneide

dieses Schwertes von meinem Haupt abschnei-
de. Gib alles dem König und sag, Siddhartha bittet, ihm zu vergeben, bis er einst wiederkom-
men wird, viel größer als der Prinz, den du jetzt
siehst, und ausgestattet mit der königlichen
Weisheit, wie man sie auf der einsamen Suche
nach dem Licht finden kann. Wenn es mir gelingt, siehe, dann ist die Erde mein. Sie gehört
mir, weil ich ihr den größten Dienst erweise.
Sie gehört mir durch meine Liebe. Sag das meinem Vater. Nur ein Mensch kann den Menschen Hoffnung geben, und noch keiner hat
nach dem gesucht, was ich suchen werde. Ich
werfe meine Welt von mir, um sie zu retten.«

FÜNFTES BUCH

In den Bergen von Rajagriha

Fünf liebliche Hügel erheben sich rund um Rajagriha, die von Wäldern umgebene Hauptstadt
von König Bimbasaras Reich. Einer dieser Hügel hieß Baibhara. Er war mit grünem Zitronengras und Palmen bewachsen. Ein anderer hieß
Bipulla. Zu seinen Füßen flossen die lauen Wasser des Flusses Sarsuti dahin. Ein dritter war der
schattenspendende Tapovan, auf dem es damp-
fende Weiher gab, in denen sich schwarze Felsen spiegelten, die wie ein zerklüftetes Dach in
den Himmel ragten. Nach Südosten zu lag der
Sailagiri, der Geierberg, und nach Osten zu der
Ratnagiri, der Berg der Edelsteine.
Eine gewundene Straße, mit abgetretenem Pflaster belegt, führt dort vorbei an Feldern mit Sa-
flor – Disteln, aus denen roter Farbstoff gewonnen wird –, an Bambusgehölzen und schatten-
spendenden Mango- und Zizyphus-Bäumen,
vorbei an Klippen aus milchweißen Felsen und
Jaspis und an Flecken, die mit Dschungelblu-
men bewachsen sind, bis hin zur Höhe jenes
Geierberges und wendet sich dort nach Westen,
wo er oberhalb einer Höhle vorbeiführt, an deren Ausgang wilde Feigenbäume wachsen.
Wanderer, der du hierherkommst, entblöße deine Füße und neige deinen Kopf! Denn die ganze

riesige Erde hat nicht ein Fleckchen, das teurer und heiliger wäre als dieses.

Hier saß der Buddha mehrere sengende Sommer hindurch und auch während des schlimmsten Regens und in der kalten Morgen- und Abenddämmerung. Zum Heile der Menschen trug er nichts als eine gelbe Robe und aß in der Kleidung eines Bettlers das karge Mahl, wie es ihm von den Mitleidigen hin und wieder gegeben wurde. Sein Nachtlager hatte er auf dem Gras. Er war heimatlos und allein. Wilde Schakale heulten rund um seine Höhle, und das Brüllen der hungernden Tiger tönte aus dem Dickicht. Bei Tag und Nacht weilte hier der Ehrwürdige, um durch Fasten, Innenschau und die anstrengende Suche der stillen Meditation die Herrschaft über seinen schönen Körper zu gewinnen, der für die Freude geboren war. Oft geschah es, daß er tief in Meditation versunken unbeweglich wie ein Felsblock dasaß, während ein Eichhörnchen auf seinen Knien herumturnte, die ängstliche Wachtel auf seinen Füßen zu brüten begann und die blauen Tauben die Reiskörner aus der Schale pickten, die neben ihm stand.

So saß er versunken da, von der Mittagsstunde, wo das Land vor Hitze glüht und Mauern und Tempel in der heißen Luft vor den Augen zu tanzen beginnen, bis zum Sonnenuntergang, wenn sich der Himmel abendlich rot färbte und die rasche Dämmerung die bewachsenen Felder in Dunkelheit hüllte. Er sah auch nicht, wie die Sterne aufgingen. Er hörte nicht die Trommelschläge in der geschäftigen Stadt, und auch die Rufe der Eulen und der Waldkäuze hörte er nicht. Voll eingetaucht war er in sein inneres Selbst, bemüht, die Fäden der Gedanken zu entwirren und den Weg zu finden durch das Labyrinth des ständig voranschreitenden Lebens.

So saß er, bis die Mitternacht die Welt in den Schlaf gewiegt hatte und nur noch einzelne Dschungeltiere im Gezweig dahinkrochen und manchmal auch schrien, so wie in den Menschen Furcht und Haß bisweilen Aufschreie erzeugen können, ebenso wie Lust, Habgier und Ärger, die die Raubtiere sind im dunklen Dschungel der Unwissenheit des Menschen. Dann schlief er gerade so lange, wie der Mond für den zehnten Teil seines Weges braucht, den er am Himmel zurücklegt.

Noch vor Sonnenaufgang erhob er sich wieder und stand sehnsuchtsvoll auf einer dunklen Terrasse des Berges und betrachtete mit glühenden Augen die schlafende Erde. Dabei umarmten seine Gedanken alle lebendige Kreatur, während jenes Murmeln über die wogenden Felder ging, das der Kuß des Morgens ist, der die Erde erweckt, während im Osten das Wunder

des Tages wieder aufzusteigen begann: Zuerst
kommt eine Dämmerung, die noch so schwach
ist, daß die Nacht ihrer nicht gewahr wird, aber
bald – schon bevor der Dschungelhahn zum
zweitenmal gekräht hat – erhebt sich ein Sil-
berstreif, der breiter und immer heller wird.
Schließlich erreicht er den Morgenstern , der in
seinen Silberfluten ertrinkend verschwindet.
Das Silber erwärmt sich zu blassem Gold, das
von den höchsten der Wolken widergespiegelt
wird und ihren Rändern einen leuchtend goldenen Glanz verleiht, während vom Horizont her
safrangelbe, scharlach- und karminrote Strahlen kommen bis hin zur Farbe des Amethysts.
Dann beginnt der Himmel blau zu leuchten,
bekleidet mit dem strahlenden Gewand des
Tageslichtes, und der König des Lebens und
des Glanzes, das Tagesgestirn, hält seinen
Einzug.
Nach der Art der Rishis, der großen Weisen,
sang der Buddha der aufgehenden Sonne ein
Loblied. Dann kamen die rituellen Waschun-
gen, und hierauf ging er den gewundenen Pfad
in die Stadt hinunter. Nach Art der Ris' ging
er durch die Straßen mit der Bettelscha. in der
Hand, um das wenige zu erbetteln, das er zum
Leben brauchte. Bald war seine Schale voll,
denn viele riefen ihm zu: »Nehmt, großer Herr,
von unserem Laden!« Und: »Nehmt von unse-

rem!« riefen andere. Sein göttliches Gesicht fiel
ihnen auf und der Glanz in seinen Augen. Müt-
ter befahlen ihren Kindern, seine Füße zu küssen, wenn der Erhabene vorbeiging, andere berührten seinen Rocksaum mit ihrer Stirn oder
brachten ihm Milch und Kuchen, um seine
Schale zu füllen. Oft, wenn er so anmutig und
langsam dahinschritt mit einer Miene, die von
überirdischem Mitleid erstrahlte, tief eingetaucht in liebevolle Gedanken an die, die er
nicht kannte, von denen er nur wußte, daß sie
seine Mitmenschen waren, da verweilten
plötzlich die dunklen, überraschten Augen einer indischen Frau auf ihm, so als sehe sie in
ihm ihre Träume und zartesten Gedanken wahr
werden, und seine Anmut, die über die Anmut
der Sterblichen hinausging, bewegte ihre Brust.
Aber er ging weiter mit seiner Schale und seiner
gelben Robe, und mit milder Rede vergalt er die
Gaben ihrer Herzen und wandte seinen Weg
wieder zurück in die Einsamkeit, wo er mit heiligen Männern zusammensaß, sie anhörte und
sie über die Weisheit und ihre Wege befragte.
Denn auf halber Höhe des Ratnagiri, außerhalb
der Stadt, aber noch unterhalb der Höhle, lebten in stillen Behausungen einige Asketen —
solche, für die der Körper eine wilde Bestie ist,
die in Ketten gelegt und mit bitterem Schmerz
gezähmt werden muß, so lange, bis der

Schmerzsinn abgestorben ist und die gequälten Nerven ihn nicht mehr quälen können. Man nennt sie Yogis, Brahmacharis und Bhikshus. Es war eine Schar von ausgezehrten, traurigen Gestalten, von denen jeder für sich allein lebte. Einige standen Tag und Nacht mit erhobenen Armen da, bis sie blutleer und krampfhaft vertrocknet und ihre Gelenke unbrauchbar waren. Ihre Arme hingen kraftlos von den Schultern wie tote Äste herab. Andere hielten ihre Hände ununterbrochen zu Fäusten geballt, mit solcher Kraft, daß die Nägel wie Krallen durch die entzündeten Handflächen hindurchwuchsen. Einige gingen in Sandalen, aus denen spitze Nägel hervorstanden und sich in die Fußsohlen bohrten. Einige zerschnitten sich die Brust, das Gesicht und die Beine mit scharfen Steinen und brannten die Wunden noch mit Feuer, oder sie durchbohrten ihr Fleisch mit den Dornen des Dschungels, beschmierten sich mit Kot und Asche; ihre Lenden in faulende Lumpen gehüllt, saßen sie da wie Tote.

Es gab auch solche, die sich an Plätzen aufhielten, wo auf Scheiterhaufen die Leichen verbrannt wurden, für die die Asche der Toten die einzige Gesellschaft war, und es gab Schwindler und Scharlatane, die an den Verbrennungsstätten ihr Geschrei anstimmten. Einige riefen fünfhundertmal am Tag die Namen von Shiva aus und hatten zischende Schlangen um ihre sonnenverbrannten Nacken und hohlen Flanken geschlungen. Die Beine hielten sie unbeweglich, das eine über das andere gelegt. Wenn man sie so sah, gaben sie eine traurige Schar ab. Ihre Köpfe waren von der Hitze mit Blasen bedeckt, ihre Augen waren trübe, die Sehnen und Muskeln eingetrocknet, die Gesichter eingefallen und blaß, wie die von Erschlagenen, die schon seit fünf Tagen tot waren.

Hier hockte einer im Staub, dessen einzige Mahlzeit jeden Mittag aus tausend wohlgezählten Hirsekörnern bestand, die er mit der Geduld eines Verhungernden eines nach dem anderen aß. Ein anderer dort ernährte sich von bitteren Blättern, um jedes Vergnügen des Gaumens im Keim zu ersticken, und jene traurige Gestalt dort hatte sich selbst zum Krüppel gemacht. Er hatte keine Augen, keine Zunge, kein Geschlecht und kein Gehör. Der Geist hatte dem Körper alle Möglichkeiten genommen, und das nur um des Leidens willen und der Glückseligkeit, die dadurch gewonnen werden sollte, wie es die heiligen Bücher sagen, weil das Leid des Körpers angeblich die Götter beschämt, die uns das Leid schicken, und die Menschen zu Göttern macht, fähig, noch Schlimmeres zu erleiden als die Hölle.

Traurig wurde unser Prinz, als er das sah, und er

sprach zu einem, der das Oberhaupt dieser Leidenden war: »Vielleidender Herr, viele Monde schon weile ich hier auf diesem Berg, denn ich suche nach der Wahrheit. Und ich sehe deine Brüder hier und dich, die ihr euch selbst so viel Leid zufügt, daß es mein Mitleid erregt. Weshalb fügt ihr diese Übel dem Leben noch hinzu, das schon an sich soviel Übel bringt?«

Da antwortete der Alte: »Es steht geschrieben, daß der Mensch sein Fleisch abtöten soll, bis das Leben selbst ihm zum Schmerz wird und der Tod zu einer ersehnten Rast, dann wird ihn dieses Leid von der Last der Sünden befreien, die Seele wird im Ofen ihres Leidens reingemacht und erhebt sich zu jenen hohen, leuchtenden Sphären, deren strahlender Glanz alles übertrifft, was wir uns denken können.«

»Sieh diese Wolke, die dort am Himmel schwebt«, antwortete der Prinz, »wie ein goldenes Tuch sieht sie aus, das um Indras Thron geschlungen ist, nachdem sie sich aus dem sturmgepeitschten Meer dorthin erhoben hat. Aber in tränenschweren Tropfen muß sie wieder zur Erde herniederfallen und den rauhen und schmerzlichen Weg des Wassers zum Meere finden, durch Schluchten und schlammige Gerinne zum Ganges und so wieder in den Ozean, aus dem sie gekommen ist. Weißt du wirklich, mein Bruder, ob es nicht den Asketen ebenso ergeht, wenn sie, nachdem sie viele Schmerzen gelitten haben, endlich ihre Glückseligkeit erreicht haben? Denn was sich erhebt, fällt wieder zu Boden, und was die Menschen reich macht, das geben sie wieder aus. Wenn ihr auf dem Marktplatz der Hölle mit eurem Blut den Himmel kauft, dann wird der Handel von neuem beginnen müssen, sobald ihr ihn vollendet habt!«

»Vielleicht ist das ein Anfang«, sprach mit klagender Stimme der Einsiedler, »aber auch wir wissen es nicht. Nichts wissen wir sicher. Und doch: Nach jeder Nacht kommt der Tag, nach dem Aufruhr kommt der Friede, und wir hassen dieses verfluchte Fleisch, das der Seele den Weg zur wunderbaren Erhebung versperrt. Und so tun wir es für unsere Seele, wenn wir durch diesen kurzen Kampf des Leidens hindurchgehen, der ein Spiel mit den Göttern ist, um die große Freude zu erwerben, die danach kommt.«

»Aber wenn diese Freude auch zehntausend Jahre dauert«, erwiderte der Prinz, »dann schwindet sie schließlich doch dahin. Oder gibt es irgendwo unter uns, über uns oder jenseits dieser Welt ein Leben, das so ungleich dem unseren ist, daß es keine Veränderung kennt? Sprich! Währen eure Götter ewig, meine Brüder?«

»Nein«, sagten da die Yogis, »nur Brahma, das

große schöpferische Prinzip, währt ewig, die Götter aber sind bloß am Leben.«

Da sprach der Buddha: »Wollt ihr, die ihr weise seid und die ihr mir heilig und großherzig erscheint, dieses Würfelspiel mit eurem Schmerz und eurem Stöhnen spielen für einen Gewinn, der vielleicht nur in euren Träumen existiert und der einst ein Ende haben muß? Wollt ihr euer Fleisch aus Liebe zu eurer Seele so quälen, martern und verstümmeln, daß es dann nicht mehr dazu nütze ist, den Geist zu tragen, der seine wahre Heimat sucht, sondern schon vor Einbruch der Nacht auf seinem Wege zusammenbricht wie ein williges Pferd, das man aber zu heftig angetrieben hat? Wollt ihr traurige Schar dieses schöne Haus zur Ruine machen und seiner Glieder berauben, in das ihr nach den Schmerzen vergangener Leben gekommen seid, um darin zu wohnen , dessen Fenster uns Licht geben, durch das wir in die Ferne sehen können und sehen, wann der Morgen anbricht und welches der beste Weg ist, unser Leben fortzusetzen?«

Da riefen sie: »Wir haben diese Straße eingeschlagen, o Königssohn, und wir gehen sie bis ans Ende, im Vertrauen auf den Tod, und wären auch alle Steine von Feuer. Wenn du einen besseren Weg kennst, dann sprich; kennst du aber keinen, dann zieh hin in Frieden!«

Und er ging von hinnen. Er war sehr traurig zu sehen, daß diese Menschen solche Furcht hatten, daß sie sich davor fürchteten zu fürchten, und daß sie mit solcher Lust am Leben hingen, daß sie nicht wagten, das Leben zu lieben, sondern es mit den Plagen wilder Bußübungen erfüllten, vielleicht um Göttern zu gefallen, die ihnen als Ersatz dafür wieder Vergnügen bereiten würden. Sie wollten die Hölle vermeiden, indem sie sich selbst eine Hölle machten. Vielleicht hofften sie in ihrer heiligen Verrücktheit, die Seele würde durch das Verderben des Fleisches zum Besseren erhoben.

»O ihr Blumen auf dem Feld«, sagte Siddhartha, »die ihr eure zarten Gesichter der Sonne entgegenstreckt, aus Dankbarkeit für das Licht gebt ihr den süßen Atem eurer Düfte, und ihr tragt die Gewänder eurer Ehrfurcht, die mit Silber, Gold und Purpur angefertigt sind. Keine von euch versäumt es, in vollkommener Weise zu leben, keine von euch beschämt ihr Glück und ihre Schönheit. O ihr Palmen, die ihr euch in den Himmel erhebt, um ihn zu durchdringen, und die ihr den Wind trinkt, der von Malaysia und vom kühlen blauen Meer her weht, welches Geheimnis kennt ihr, daß ihr in Zufriedenheit euer Wachstum vollzieht? Vom zartesten Halm bis zur Zeit, wo ihr Früchte trägt, stets murmelt ihr in eurem gefächerten Grün

das Loblied der Sonne. Und ihr Papageien, die
ihr pfeilschnell duch die Luft schießt und euch
fröhlich in den Kronen der Bäume aufhaltet, ihr
Kolibris und ihr Tauben! Keiner von euch haßt
das Leben, keiner von euch fühlt sich von der
Not dazu angetrieben, seine Lage mit Gewalt
zu ändern. Nur der Mensch, der euch erschlägt,
der euer Herr ist, er ist weise. Und die Weisheit,
die sich so von eurem Blut ernährt, findet in der
Selbstpeinigung ihren Ausdruck!«

Während der Meister diese Worte sprach, kam
vom Berg herab eine Staubwolke, die das Getrampel zahlreicher Tiere aufgewirbelt hatte.
Weiße Ziegen und schwarze Schafe bewegten
sich den gewundenen Pfad entlang. Oft blieben
einzelne Tiere stehen, um an Grasbüscheln zu
knabbern, andere entfernten sich von der Herde
und gingen dorthin, wo es Wasser oder tiefhän-
gende wilde Feigen gab. Aber sowie sie sich von
der Herde entfernten, rief der Hirte nach ihnen
oder fing sie mit einer Schlinge ein und führte
sie zurück. So erreichte er, daß sich die stumpf-
sinnige Schar langsam auf die Ebene zu bewegte.

In dieser Herde war ein Mutterschaf mit einem
Zwillingspaar kleiner Lämmchen. Von diesen
lahmte eines infolge einer Verletzung und hink-
te blutend hinten nach, während das andere
fröhlich vorneher sprang. Angstvoll lief das

Muttertier zwischen den beiden hin und her, weil es fürchtete, eines von ihnen zu verlieren. Das fiel dem Prinzen auf, und zärtlich hob er das hinkende Lämmchen auf und legte es um seinen Nacken, wobei er sagte: »Arme wollige Mutter, geh in Frieden! Wohin du auch gehst, ich will dir dein Lämmchen nachtragen. Es ist geradesogut, einem einzigen Wesen seinen Schmerz zu erleichtern, als dazusitzen und die Sorgen der ganzen Welt zu betrachten in jenen Höhlen, in denen die Priester ihre Gebete sprechen. – Aber«, sprach er zu den Hirten, »warum, meine Freunde, treibt ihr die Herde am hellen Mittag zu Tale? Das tut man doch sonst nur am Abend.«

Da antworteten ihm die Hirten: »Wir bringen unserem Herrn dem König unsere Opfertiere. Hundert Ziegen und hundert Schafe sind es, die unser Herr heute nacht den Göttern zu Ehren töten wird.«

Da sagte der Meister: »Auch ich werde hingehen.« Und so schritt er, das Lämmchen um den Nacken gelegt, durch Sonne und Staub neben den Hirten dahin. Das angstvoll blökende Mutterschaf lief neben ihm her.

Als die zum Flußufer kamen, stand dort eine Frau; sie war jung, und ihre Augen waren wie die einer Taube. Ihr Gesicht war von Tränen entstellt, und sie hatte die Hände erhoben. Tief neigte sie sich zum Gruß und sprach: »Du bist es, Herr, der mir gestern sein Mitleid schenkte. Ich lebte hier allein zwischen den Feigenbäumen, um mein Kind aufzuziehen. Aber dieser Knabe fand eine Schlange, als er zwischen den Blumen umherging. Die Schlange warf sich um sein Handgelenk, und er lachte und neckte sie und öffnete sogar den Mund seines kalten Spielgefährten. Aber ach! Bald wurde er so blaß und still, und ich konnte mir gar nicht denken, warum er nicht mehr spielte und die Milch von meiner Brust nicht mehr nahm. Und jemand sagte: ›Er ist krank vom Gift‹; und ein anderer sagte: ›Er wird sterben.‹

Aber ich konnte doch meinen Knaben nicht verlieren, und so bat ich sie, mir doch ein Mittel zu sagen, das das Licht in seine Augen zurückbringen könnte. Die Wunde des Schlangenbisses war doch so klein. Die Schlange kann ihn doch nicht gehaßt haben, anmutig wie er war, Sie kann ihn doch beim Spiel nicht verletzt haben. Und jemand sagte: ›Es wohnt ein heiliger Mann auf diesem Berg – sieh, jetzt geht er vorbei mit seiner gelben Robe –, frag diesen Rishi, ob es etwas gibt, das das Leiden deines Sohnes heilen kann.‹

Da kam ich zitternd zu dir und sah dein Antlitz, gleich dem eines Gottes. Ich weinte und zog das Tuch zurück, das ich über das Gesicht meines

Kindes geschlagen hatte, und bat dich, mir zu sagen, was hier helfen könnte. Und du, o großer Herr, verachtetest mich nicht. Mit liebevollen Augen sahst du mich an und berührtest mich mit deiner geduldigen Hand. Dann zogst du das Tuch wieder über das Gesicht und sagtest zu mir: ›Ja, kleine Schwester, es gibt etwas, was zuerst dich heilen kann und dann ihn. Könntest du das eine nur finden! Denn auch die, die die Hilfe eines Arztes suchen, müssen sich die Heilmittel selbst besorgen, die ihnen verschrieben werden. Deshalb bitte ich dich, besorge dir ein schwarzes Senfkorn, aber nur ein solches, das nicht aus der Hand oder aus dem Hause eines Menschen kommt, welchem Vater, Mutter, Kinder oder Sklaven gestorben sind. Dein Kind wird gesund, wenn du ein solches Senfkorn finden kannst.‹

So hast du zu mir gesprochen, o Herr!«

Darauf lächelte der Meister mit größter Zärtlichkeit. »Ja, so habe ich gesprochen, teure Kisagotami! Hast du das Senfkorn finden können?«

»Ich eilte mit dem Kind an meine Brust gedrückt, das immer kälter wurde, zu jener Hütte hier im Dschungel und auch in der Nähe der Stadt und bat überall: ›Bitte gebt mir ein schwarzes Senfkorn, wenn ihr so gnädig seid!‹ Und jeder, der eines hatte, gab mir eines. Denn mitleidig sind die Armen mit den Armen. Als ich aber fragte: ›Ist bei euch jemals einer gestorben, Mann oder Frau, Kind oder Sklave?‹, da sagten sie: ›O Schwester, was fragst du da? Der Toten sind viele, der Lebenden aber wenige!‹ So gab ich das Senfkorn mit traurigem Dank zurück und fragte andere, aber auch diese sagten: ›Hier ist ein Senfkorn, aber wir haben unseren Sklaven verloren.‹ Oder: ›Hier ist ein Senfkorn, aber unser guter Hausvater ist tot!‹ Oder: ›Hier ist ein Senfkorn, aber der, der es gesät hat, ist zwischen Regenzeit und Ernte gestorben!‹ Herr, ich konnte kein einziges Haus finden, wo es ein Senfkorn gab und keiner gestorben war! Deshalb habe ich mein Kind, das nicht mehr trinken und nicht mehr lächeln wollte, zwischen den wilden Weinreben am Flusse niedergelegt und ich ging, um dich aufzusuchen, deine Füße zu küssen und dich zu fragen, wo ich ein Senfkorn finden kann und wo der Tod noch nicht gewütet hat, wenn nicht mein Kind jetzt schon tot ist, wie ich fürchte und wie man mir gesagt hat.«

»Du hast es gefunden, meine Schwester«, sagte der Meister. »Auf deiner Suche hast du das gefunden, was keiner findet. Jenen bitteren Balsam, den nur ich dir geben konnte. Der, den du geliebt hast, schläft. Er ist tot. Gestern war er noch an deiner Brust. Und heute weißt du, daß die ganze weite Welt mit deinem Leid mitweint. Eine Trauer, die alle Herzen miteinander teilen, wird für das einzelne geringer. Siehe, ich würde mein Blut dafür geben, wenn ich deine Tränen anhalten und das Geheimnis jenes Fluches ergründen könnte, der uns die süße Liebe zum Angsttraum macht und der die Geschöpfe über Blumen und Weiden hinweg zu dem Ort führt, wo sie geopfert werden, so wie das mit diesen einfältigen Tieren hier geschieht. Aber ebenso geschieht es uns Menschen, die wir ihre Herren sind. Ich gehe und suche dieses Geheimnis. Du aber begrabe dein Kind!«

Und so betrat der Prinz zusammen mit den Hirten die Stadt. Die Sonne war schon im Untergehen und tauchte den fernen Sona-Strom in goldenen Glanz. Lange Schatten fielen auf die Straße und durch das Tor, vor dem die Männer des Königs Wache hielten. Als diese aber den Prinzen sahen, wie er das Lamm trug, da traten sie zurück, und die Leute auf dem Markt schoben ihre Wagen zur Seite, und die Käufer und Verkäufer im Basar hielten mit dem Feilschen inne, und alle sahen sie auf sein mildes Gesicht. Der Schmied, den Hammer in erhobener Hand, vergaß zu hämmern, der Weber verließ seinen Webstuhl, der Schreiber seine Schriftrolle, der Geldwechsler vergaß die Anzahl der kleinen Münzen, die er schon gezählt hatte, und Shivas

weißer Stier fraß von dem Reis, ohne daß ihn
jemand daran hinderte. Verschüttete Milch lief
auf die Straße, während die Melker den Buddha
vobeigehen sahen, der so sanft und doch so majestätisch schön aussah. Vor allem aber standen die Frauen an den Toren ihrer Häuser und
fragten: »Wer ist es, der hier die Opfertiere
bringt und der so anmutig und friedvoll einher-
schreitet? Welcher Kaste gehört er an? Woher
hat er seine süßen Augen? Ist es der Götterkö-
nig Indra?« Andere sagten: »Das ist der heilige
Mann, der mit den Rishis auf dem Berge
wohnt.«
Der Prinz war innerlich in Meditation versunken, als er einherschritt. Er dachte: »Ach, ich
gehe hier für alle meine Schafe, die keinen Hirten haben. Sie wandern durch die Nacht, und
niemand führt sie. Sie blöken blindlings, wenn
sich ihnen das Messer des Todes naht, so wie
diese einfältigen Tiere, die geradeso sind wie
sie.«
Dann sagte jemand zum König: »Hier kommt
ein heiliger Einsiedler. Er bringt uns die Herde
herunter, die du zur Krönung deines Opfers befohlen hast.«
Der König stand in seiner Opferhalle. Zu beiden
Seiten von ihm standen Brahmanen in weißen
Gewändern, murmelten ihre Mantras und
nährten das Feuer, das lodernd in der Mitte des

Altares brannte. Aus duftenden Hölzern brachen dort helle Flammenzungen hervor. Zischend und sich windend verzehrten sie die ihnen dargebrachten Gaben von Büffelbutter und
Gewürzen und von dem Indra besonders er-
freuenden Soma-Saft. Rund um den brennenden Holzstoß sammelte sich langsam ein
Strom dicker scharlachroter rauchender Flüssigkeit, die vom Sand aufgesogen wurde, aber
von oben her ständig nachfloß. Das war das
Blut der blökenden Opfer.
Ein gefleckter Ziegenbock mit langen Hörnern, dessen Kopf mit Munja-Gras zurückgebunden war, lag gerade auf dem Boden. Ein
Priester hielt das Messer an seinen ausge-
streckten Hals und murmelte: »Dies, o ge-
fürchtete Götter, bringt Bimbasara als Krönung von vielen Opfern euch dar. Freut euch
an dem verspritzten Blut, und genießt den Geruch, der aus den duftenden Flammen auf-
steigt, wenn diese das fette Fleisch verzehren.
Mögen die Sünden des Königs auf diesen Ziegenbock übergehen, und möge sie das Feuer
verzehren, das den Ziegenbock verbrennt.
Denn jetzt steche ich zu.«
Aber der Buddha sagte leise: »Laß ihn nicht zu-
stechen, großer König!« Und mit diesen Worten löste er die Fesseln des Opfers, und keiner
hinderte ihn daran, so war sein Auftreten.

Dann sprach er vom Leben, das jeder nehmen, aber keiner geben kann, dem Leben, das alle Geschöpfe lieben und zu erhalten bemüht sind, dem Leben, das wunderbar teuer und für jeden erhaltenswert ist, auch für den Übelsten, und wahrlich eine Gnade dort, wo es Mitleid gibt, denn Mitleid macht die Welt erträglich für den Schwachen und edel für den Starken. Im Namen der einfältigen Tiere seiner Erde sprach er traurig flehende Worte. Er sprach davon, wie der Mensch, der zu den Göttern um Gnade betet, selbst gnadenlos ist mit denen, für die er ein Gott ist. Und doch ist alles Leben miteinander verbunden und verwandt. Was wir hier erschlagen, hat uns demütig mit Milch und Wolle versorgt und setzt tiefes Vertrauen auf die Hände, die es jetzt töten.

Er sagte auch, was die heiligen Bücher lehren, daß nämlich einige Menschen im Tode auf die Stufe von Vögeln und Tieren zurücksinken und daß diese wieder auf die Stufe von Menschen erhoben werden, im Zuge der Wanderungen des Funkens, der schließlich selbst zur reinigenden Flamme wird. Deshalb wäre die Darbringung dieses Opfers eine neue Sünde, wenn dadurch die Entwicklung von Seelen behindert wird. Auch solle niemand, so sagte er, seinen Geist mit Blut reinwaschen. Wer selbst gut sein will, sollte weder versuchen, die Götter mit Blut zu erfreuen, noch sie durch Begehung eines Übels zu bestechen, und niemand sollte einem unschuldigen, gefesselten Tier auch nur ein Haar von der Verantwortung anlasten, die wir alle tragen. Sein falsches Handeln trägt ein jeder selbst, und die unbestechliche Mathematik des Universums wird mit ihm abrechnen, Maß für Maß, seine Taten, seine Worte und seine Gedanken. Denn ewig wachend ist diese Gerechtigkeit, unbeeindruckt und nicht umzustimmen. Durch sie ist alle Zukunft die Frucht aller Vergangenheit.

So sprach er, und so viel Mitleid klang aus seiner Stimme und so viel Herrlichkeit, Erbarmen und Gerechtigkeit, daß die Priester ihre Gewänder auszogen, die vom Schlachten blutig geworden waren. Der König kam heran und erwies dem Buddha mit gefalteten Händen seine Ehrerbietung. Dieser aber sprach weiter und lehrte, welch ein schöner Platz diese Erde wäre, wenn alle Lebewesen in Freundschaft miteinander verbunden wären und sich gemeinsam und ohne Blutvergießen an den reinen Nahrungsmitteln erfreuen würden. Dem goldenen Korn, den hellen Früchten, den süßen Kräutern, die für alle wachsen, und dem klaren Wasser, genug der Speisen und Getränke für alle. Als die Priester diese Worte hörten, wurden sie von der Macht seiner Milde überwältigt. Sie löschten das Altarfeuer und warfen die Opfermesser von sich.

Am nächsten Tag wurde von den Herolden des Königs ein neues Gesetz verkündet und mit folgenden Worten in Felsen und Säulen eingemeißelt: »Dies ist der Wille des Königs: Bisher wurde getötet zum Zweck des Opfers und auch des Fleisches wegen. Aber von nun an soll keiner mehr das Blut des Lebens vergießen oder das Fleisch von Tieren verzehren. Denn mit wachsendem Wissen sehen wir, daß das Leben ein einziges ist und daß die Mildtätigkeit auf den zurückfällt, der sie übt.«

So lautete das Gesetz, und von diesem Tage an verbreitete es sich an den Ufern des Ganges, wo der Buddha mit göttlichem Mitleid und sanfter Rede die Menschen gelehrt hatte. Göttlicher Friede herrschte zwischen allen Lebewesen, zwischen den Menschen und unter den Vögeln und unter jenen Tieren, welche den Menschen dienten.

Denn fürwahr, das Herz des Meisters war so voller Milde zu allem, was den Atem dieses schnell entfliehenden Lebens atmet und das im Insgesamt zu einer Gemeinschaft von Freuden und Leiden verbunden ist, daß in den heiligen Büchern von der folgenden Begebenheit berichtet wird: Der Buddha war damals als Brahmane inkarniert und lebte auf dem Felsen namens

Munda in der Nähe des Dorfes Dalidd. Eine Dürre war über das Land gekommen, die jungen Reispflanzen verdorrten, noch ehe sich eine Wachtel zwischen ihnen hätte verstecken können. In den Waldlichtungen trocknete die Sonne die Teiche aus. Die Gräser und Kräuter verdorrten. Die Tiere des Waldes flohen davon und zerstreuten sich weithin auf ihrer Suche nach dem, was das Leben erhalten könnte.

Da sah der Buddha im Vorübergehen in einem von der Sonne durchglühten, ausgetrockneten Flußbett auf den bloßen Steinen ein Tigerweibchen liegen, das am Verhungern war. Der Hunger leuchtete als eine grüne Flamme in ihren Augen. Ihre vertrocknete Zunge hing eine Spanne weit aus ihrem keuchenden, ausgedörrten Maul. Ihr gestreiftes Fell hing in Falten an ihrem Brustkorb, so wie das vom Regen faulig gewordene Stroh zwischen den Sparren eines Daches einsinkt. Und an ihren ausgezehrten Körper klammerten sich zwei Junge, die vor Hunger winselten. Die zogen und saugten an den Zitzen, die keine Milch mehr geben wollten, während das Muttertier die Jammernden in mütterlicher Liebe ableckte und ihnen ihre Flanke darbot. Ihre Liebe war stärker als der Mangel, den sie selbst empfand. Mit einem Gebrüll, aus dem Weh und Verzweiflung klang, legte sie ihr hungriges Maul in den Sand.

Der Buddha sah ihre verzweifelte Lage und dachte in seinem unendlichen Mitleid: »Es gibt nur einen Weg, dieser Mörderin der Wälder zu helfen. Bei Sonnenuntergang werden alle drei sterben, wenn sie kein Fleisch bekommen. Kein lebendiges Herz wird Mitleid mit ihnen haben, denn das Blut des Raubes klebt an ihnen, jetzt aber sind sie abgezehrt, weil sie keines bekommen. Siehe, wenn ich ihr Nahrung gebe, was ist dann schon anderes verloren als ich, und wie kann Liebe etwas verlieren, wenn sie aus Liebe handelt, und wäre es das Äußerste?«

Dies sprach der Buddha und entledigte sich leise seines Wanderstabes und seiner Sandalen. Er legte die heilige Schnur ab, den Turban und alle seine Kleider und schritt hinter dem Busch hervor über den Sand. Dabei sagte er: »Siehe, Mutter, hier gibt es Fleisch für dich!«

Da stieß das verendende Tier einen heiseren und schrillen Schrei aus, sprang über ihre Jungen hinweg und warf ihr williges Opfer zu Boden, um es zu verzehren. Sie bohrte all die Krummschwerter ihrer Klauen in sein Fleisch und badete ihre gelben Fangzähne in seinem Blut. Der brennende Atem des Tieres vermischte sich mit dem letzten Seufzer dieser furchtlosen Liebe.

So groß war das Herz des Meisters schon vor langer Zeit gewesen, nicht erst jetzt, da sein gnädiges Mitleid dieser grausamen Form der Gottesanbetung ein Ende machte. Und heftig drang König Bimbasara in unseren Prinzen, nachdem er von dessen königlicher Abstammung und seiner heiligen Suche gehört hatte. Er wollte ihn dazu bewegen, in jener Stadt zu bleiben. Er sagte zu ihm: »Deiner königlichen Abstammung geziemt solches Fasten nicht. Deine Hände wurden erschaffen, ein Zepter zu halten und nicht Almosen. Bleib bei mir, denn ich habe keinen Sohn, dem ich die Regierung übertragen kann, und lehre mein Volk Weisheit, bis ich sterbe, und wohne in meinem Palast mit einer schönen Braut.«

Aber Siddhartha entgegnete ihm entschlossen: »Diese Dinge habe ich gehabt, erhabener König, und ich habe sie verlassen, um die Wahrheit zu suchen. Ich suche sie immer noch, und ich werde sie weiter suchen. Ich würde auch dann nicht damit aufhören, wenn mir Sakras Palast seine Perlentore öffnete und die Göttinnen mich umwerben würden. Ich gehe hin, das Königreich des großen Gesetzes zu bauen. Ich werde nach Gaya wandern, in den Schatten der Wälder, wo ich glaube, daß das Licht zu mir kommen wird. Denn nicht hier unter den Rishis kommt dieses Licht zu mir, nicht aus den Shastra-Schriften und nicht dadurch, daß man fastet, bis der von der Seele ausgehungerte Körper zusammenbricht. Aber es gibt dieses Licht! Man kann es erreichen! Man kann die Wahrheit gewinnen! Und sicherlich, o teurer Freund, wenn ich es erlange, dann werde ich zu dir zurückkehren und dich für deine Liebe belohnen.«

Darauf schritt König Bimbasara dreimal um den Prinzen herum, verbeugte sich zu seinen Füßen und sagte ihm Lebewohl. Der Prinz aber verließ die Stadt und wandte sich nach Uravilva. Er hatte den Trost, den er suchte, noch nicht gefunden. Sein Gesicht war blaß, und er war von sechs Jahren des Suchens geschwächt. Aber die, die auf dem gleichen Berge wohnten wie er, Alara, Udra und die fünf Asketen, hatten ihn aufgehalten. Sie hatten ihm gesagt, alles stehe klar in den heiligen Shastra-Schriften geschrieben, und keiner könne höher gelangen als zu Shruti, dem heiligen Gesetz, und Smriti, der heiligen Überlieferung, nicht einmal die größten Heiligen. Wie konnte dann ein sterblicher Mensch weiser sein als Jnana-Kanda, das Buch der Erkenntnis, das uns sagt, daß Brahma körperlos ist, nicht handelnd, leidenschaftlos, ruhig und ohne Eigenschaften, unveränderlich, reines Leben, reiner Gedanke und reine Freude? Oder wie könnte der Mensch besser sein als Karma-Kanda, das Buch vom rechten Handeln, das uns zeigt, wie der Mensch die Leidenschaften und das Handeln ablegen kann, die Bande der Selbstsucht zerbrechen, um grenzenlos zu werden, eins mit Gott, wie er mit dem riesigen Göttlichen verschmelzen kann und von der Lüge zur Wahrheit zu fliegen, und vom Krieg der Sinne zum ewigen Frieden, wo die Stille regiert?

Der Prinz hatte das alles gehört. Aber er war noch nicht getröstet.

SECHSTES BUCH

Die Erleuchtung

Wenn Du den Platz sehen möchtest, wo das Licht schließlich aufgegangen ist, dann wende Dich von den »Tausend Gärten« nach Nordwesten und durchquere das Tal des Ganges, bis Du auf jene grünen Berge gelangst, wo die Flüsse Nilajan und Mohana entspringen. Folge diesen Flüssen, wie sie sich im Schatten breitblättriger Mahua-Bäume und durch das Dickicht aus Sansar- und Bir-Sträuchern dahinwinden, bis sich beide unten in der Ebene im Strombett des Phalgu vereinigen, der zwischen felsigen Ufern dahinfließt, nach Gaya und zu den roten Barbar-Bergen. Nahe diesem Fluß erstreckt sich eine dornige Wildnis, die in jenen alten Tagen Uruwelaya genannt wurde, die von sandigen Hügeln unterbrochen wird. Am Rande dieser Wildnis ragen die meergrünen Wipfel eines Waldes in den Himmel. Leise fließt ein Flüßchen durch dessen Unterholz, in dem blaue und weiße Lotosblumen wachsen und in dem Fische leben und Schildkröten. Dort in der Nähe liegt das Dorf Senani, dessen Häuser Grasdächer tragen und die zwischen Palmen versteckt sind. Einfache Hirten wohnen dort.

In dieser Waldeinsamkeit lebte der Buddha und dachte nach über das Weh der Menschen, die

Wege des Schicksals, die Lehren der Bücher und über das, was ihn die Geschöpfe der Wildnis lehrten; über die Geheimnisse der Stille, in der alles seinen Ursprung hat, über die Geheimnisse der Düsterkeit, in die alles wieder verschwindet, und über das Leben, das zwischen den beiden gelegen ist, so wie der Regenbogen die Wolken am Himmel miteinander verbindet. So wie dieser Regenbogen erschien ihm das Leben, denn Nebelschleier sind sein Mauerwerk, Wasserdampf seine Pfeiler, und alles zerschmilzt wieder in die Leere, aus der es gekommen ist, wenn es auch zuvor noch so schön in den Farben von Saphir, Granat und Chrysopras geleuchtet hat.

Monat für Monat saß der Buddha hier in den Wäldern und meditierte so tief über diese Dinge, daß er oft aufs Essen vergaß, so daß es oft Morgen oder gar Mittag wurde, ehe er aus seinen Gedanken auftauchte. Dann sah er, daß seine Schale noch leer war, und aß hastig etwas von den wilden Früchten, die von den Bäumen über seinen Kopf herabfielen, weil schwatzende Äffchen oder rote Papageien sie gepflückt hatten.

Da ging die Anmut des Buddha dahin. Sein Körper wurde von der Not seiner Seele gezeichnet und verlor von Tag zu Tag mehr von den zweiunddreißig glückbringenden Zeichen, an denen

man den Buddha erkennt. So wie das verdorrte
Blatt, das vom Zweig des Al-Baumes herabfällt,
kaum Ähnlichkeit mit dem zarten Grün hat,
mit dem sich dieser Baum im Fühjahr
schmückt, so glich auch er nicht mehr dem blü-
henden jungen Prinzen, der er einst gewesen.
Es geschah, daß der erschöpfte Prinz ohnmäch-
tig zu Boden fiel, dem Tode nahe – wie ein Er-
schlagener, der nicht mehr atmet und in dessen
Adern sich das Blut nicht mehr regt, so blaß war
er und so bewegungslos. Da kam ein Hirten-
knabe des Wegs, der Siddhartha dort mit fest geschlossenen Augenlidern und einem Ausdruck
namenlosen Schmerzes auf seinen Lippen liegen sah. Die glühende Mittagssonne schien er-
barmungslos auf seinen Kopf. Da pflückte der
Knabe Zweige von wilden Rosenapfelbäumen
ab und flocht aus ihnen eine Laube, die dem
heiligen Antlitz Schatten spenden sollte. Und
er goß einige Tropfen warmer Ziegenmilch auf
die Lippen des Meisters. Er berührte ihn aber
nicht, denn er war von niedriger Kaste, und jener erschien ihm so hoch und so heilig.
Die Bücher erzählen uns, daß die Zweige, die
der Knabe beim Aufstellen der Laube in den Boden gesteckt hatte, dort augenblicklich Wurzeln faßten und üppig Blätter und Blüten her-
vorbrachten, so daß die Laube zu einem ver-
wachsenen Geflecht wurde, das einem Zelt aus

grüner Seide glich, das einem König als Jagdzelt
zur Ehre gereicht hätte und noch mit silber-
und goldfarbigen Blüten bedeckt war.

Der Knabe hielt den Buddha für einen Gott und
betete ihn an. Dieser aber stand, als der Atem
zu ihm zurückgekehrt war, auf und bat um etwas Milch aus dem Gefäß, das der Hirte mit
sich führte.

«O Herr, ich kann dir nichts geben!« sagte ihm
dieser. »Du siehst, ich bin ein Shudra, ein Ange-
höriger der niedrigsten Kaste, und meine Berührung würde dich verunreinigen.«

Darauf sprach der Ehrwürdige: »Mitleid und
Not begründen die Verwandtschaft zwischen
allem, was lebt. Das menschliche Blut kennt
keine Kasten, es hat bei allen Menschen die
gleiche Farbe. Und auch die Tränen sind kasten-
los, denn ihr salziges Naß ist bei allen Menschen dasselbe. Kein Mensch wird mit dem Tilak-Zeichen der höheren Kasten auf der Stirn
geboren und auch keiner mit der heiligen
Schnur der Brahmanen um den Hals. Zur höchsten Kaste der zweimal Geborenen gehört der,
der richtig handelt, und niedrig ist der, der Übel
tut. Gib mir zu trinken, mein Bruder! Wenn ich
das Ziel meiner Suche erreiche, dann wird das
auch für dich von Nutzen sein.«

Das erfüllte das Herz des Hirten mit Freude,
und er gab ihm zu trinken.

An einem anderen Tag kam eine Schar flitter-
geschmückter Mädchen des Weges. Es waren
Nautch-Tänzerinnen vom Indra-Tempel der
Stadt. Und mit ihnen kamen die Musikantin-
nen. Eine trug eine runde Trommel, die mit
Pfauenfedern geschmückt war, eine blies die
Bansuli und eine zupfte eine dreisaitige Sitar.
Der Weg war steinig und schlecht begehbar,
trotzdem bewegten sie sich alle leichtfüßig dahin. Sie waren zu einem Fest unterwegs, denn
sie trugen Silberglöckchen an ihre kleinen
braunen Füße gebunden, und die Bänder und
Ringe um ihre Arme machten bei jedem Schritt
ein klingelndes Geräusch. Das Mädchen, das
die Sitar trug, zupfte an den Metallsaiten, und
das Mädchen daneben sang dazu folgendes
Lied:

»Schön ist der Tanz zum Klang der Sitar.
Stimmt uns die Sitar –
weder zu niedrig noch zu hoch –,
und wir werden die Herzen der Menschen
tanzend mit uns nehmen.

Wird die Saite überspannt,
so reißt sie, und die Musik entflieht –
ist die Saite zu lose,
dann ist sie stumm
und die Musik erstirbt.

Stimme uns die Sitar –
weder zu niedrig noch zu hoch.«

So sang eines der Tanzmädchen zum Klang der
Musikinstrumente und machte dabei flattern-
de Bewegungen wie ein stolzer bemalter
Schmetterling, der durch den Wald flattert. Sie
hätte sich nicht träumen lassen, daß der heilige
Mann, an dem sie vorbeiging, auf ihr Lied antworten würde, denn er saß tief versunken unter
einem Feigenbaum, der am Wegrand stand.
Aber der Buddha zog seine großen Augenbrauen
hoch, als die übermütige Schar an ihm vorbei-
kam. Und er sprach: »Die Narren lehren oft die
Weisen. Ich spanne die Saite meines Lebens zu
stark an und meine, daß ich ihr so die Musik der
Erlösung entlocken kann. Aber meine Augen
sind jetzt zu umwölkt, als daß sie die Wahrheit
noch sehen könnten. Meine Kräfte sind ge-
schwunden in meiner großen Not. Oh, hätte
ich doch jemanden, der mich gerade so viel un-
terstützt, als ich zum Leben brauche, denn
sonst geht mein Leben zu Ende, das eine Hoffnung für die ganze Menschheit bedeutet.«
In der Nähe des Flusses wohnte ein Grundbesit-
zer, der fromm und reich war und große Herden
besaß. Er war seinen Untergebenen ein guter
Herr, und er war der Freund aller Armen. Sein
Haus gab dem Dorf seinen Namen, Senani. Er

lebte in Frieden und Freude, und seine Frau, Sujata, war die schönste der dunkeläugigen Töchter der ganzen Gegend. Sie war fromm und wahrhaftig, einfach und freundlich, edel waren ihre Gesichtszüge und anmutig ihre Rede. Eine Perle unter den Frauen war sie. Viele Jahre erfreute sie sich des ruhigen Glücks einer Hausfrau und Mutter an der Seite ihres Gatten. Nur eines hatte ihr Glück getrübt: sie hatte keine männlichen Nachkommen. Viele Gebete hatte sie deswegen schon vergeblich an die Göttin Lakshmi gerichtet, und in vielen Vollmondnächten war sie um den Altar des großen Shiva herumgegangen, im ganzen einundachtzigmal, und jedesmal hatte sie Gaben geopfert wie Reis, Jasminkränze und Sandelholzöl. Dem Waldgott hatte Sujata für den Fall der Geburt eines Sohnes ein reichliches Opfer köstlicher Speisen versprochen, das sie dann in einer goldenen Schale unter seinen Baum stellen wollte, so daß dieser nach Belieben davon kosten und essen können sollte.

Und wirklich war es geschehen: es wurde ihr ein schöner Knabe geboren, der jetzt drei Monate alt war. Also ging Sujata, den Knaben auf die Brust gebunden, anmutigen Schrittes zum Heiligtum des Waldgottes, wobei sie mit einer Hand ihren Sari eng an sich heranzog, um das Kindlein, das ihre ganze Freude war, vor der

Kälte zu schützen, während sie mit der anderen Hand auf ihrem Kopf eine große Schale balancierte, die köstliche Leckerbissen enthielt, die für die Gottheit bestimmt waren.

Da kam Radha, ihre Dienstmagd, die sie vor sich hergesandt hatte, um den Weg reinzufegen und um den Baum, unter dem das Opfer stattfinden sollte, mit roten Bändern zu schmücken, aufgeregt schreiend zurück. »Gnädige Frau«, rief sie, »sehen Sie, der Waldgott sitzt dort an seinem Opferplatz! Er ist in menschlicher Gestalt zu uns gekommen, mit gefalteten Händen, die er auf die Knie gelegt hat. Sehen Sie doch den Lichtschein, der sein Gesicht umrahmt! Wie milde und wunderbar doch seine Erscheinung ist! Und seine himmlischen Augen! Es bedeutet großes Glück, wenn man so den Göttern begegnet.«

So hielt Sujata den Prinzen für einen Gott. Sie kam ihm zitternd näher, küßte vor ihm die Erde und sagte mit gebeugtem Haupt: »Möchte der Heilige, der diesen Hain bewohnt und der mein Wohltäter und so gnädig zu mir und meiner Dienerin ist, daß er uns in körperlicher Gestalt erscheint, diese geringen Gaben entgegennehmen? Wir bringen ihm weißen Käse, frisch mit Milch angerührt, der so hell erstrahlt wie frisch geschnittenes Elfenbein!«

Mit diesen Worten tat sie den Käse und die

Milch in die goldene Schale, und auf die Hände des Buddha tropfte sie aus einem Kristallfläschchen eine duftende Essenz, die aus den innersten Blütenblättern von Rosen destilliert war. Er aber aß, ohne ein Wort zu sagen, während die glückliche Mutter ehrfurchtsvoll daneben stand.

Dieses Mahl war mit so viel Liebe gegeben, daß der Buddha davon alle Kraft und alles Leben zu sich zurückkehren fühlte, so als wären die durchfasteten Tage und durchwachten Nächte, die hinter ihm lagen, nur im Traum gewesen. Nicht nur sein Körper, auch sein Geist erfreute sich an der wunderbaren Speise und fühlte sich neu beflügelt, wie es Vögeln ergeht, wenn sie nach langem, ermüdendem Flug über eine sandige Gegend plötzlich an einen Wasserlauf gelangen, in dem sie ihr Gefieder vom Sand reinigen können.

Je mehr Sujata den Buddha anbetete, desto schöner und strahlender erschien ihr seine Gestalt. »Bist du wahrhaft ein Gott?« fragte sie demutsvoll, und: »Hat meine Gabe dein Wohlgefallen gefunden?«

Daraufhin fragte der Buddha: »Was ist es, was du mir darbringst?«

»O Heiliger«, antwortete Sujata, »von unseren Herden nahm ich die Milch von hundert Kühen, die erst kürzlich gekalbt haben. Mit dieser

Milch fütterte ich fünfzig andere weiße Kühe und mit deren Milch fütterte ich wiederum die sechs edelsten und besten unserer ganzen Herde. Und deren Milch kochte ich mit Sandelholzöl und feinsten Gewürzen in silbernen Schalen und fügte Reis hinzu, der aus ausgewähltem Saatgut auf neu gebrochenem Land besonders gut gewachsen war und beim Pflücken so ausgesucht, daß jedes Reiskorn wie eine Perle war. Das tat ich mit aufrichtigem Herzen, denn ich hatte versprochen, daß ich dir unter deinem Baum ein Opfer meiner Freude darbringen würde, wenn mir ein Sohn geboren würde. Und jetzt habe ich meinen Sohn, und mein Leben ist Seligkeit!«

Langsam bewegte der Buddha das rote Tuch seiner Robe und legte seine Hände, die bestimmt waren, die Welt zu erlösen, auf ihren kleinen Kopf. »Lange währe deine Seligkeit!« sagte er. »Und leicht werde dir die Last des Lebens! Denn du hast mir wahrhaft geholfen, der ich zwar kein Gott bin, aber einer deiner Brüder. Einst war ich ein Prinz, und jetzt bin ich ein Wanderer und habe in sechs schweren Jahren jenes Licht gesucht, das irgendwo leuchtet, um die Dunkelheit der Menschen zu vertreiben, würden diese nur davon wissen! Und ich werde das Licht finden. Ja, jetzt sehe ich es glanzvoll und hilfreich heraufdämmern. Denn mein Körper war schon am Zerbrechen, aber jetzt durch diese reine Speise, die durch das Zusammenwirken vieler Geschöpfe entstanden ist, wurde ihm das Leben zurückgegeben, meine schöne Schwester. Ebenso geht das Leben selbst durch viele Geburten hindurch, den Höhen des Glücks und der Reinigung von allen Sünden entgegen. Aber ist es für dich der Freude genug, bloß zu leben? Können Leben und Liebe dem Menschen genügen?«

Darauf antwortete Sujata: »O Anbetungswürdiger! Klein ist mein Herz, und schon ein wenig Regen genügt, um den Kelch der Lilie zu füllen, kaum befeuchtet würde davon ein ganzes Feld. Es ist mir genug, wenn ich die Sonne des Lebens in der Huld meines Gatten scheinen sehe und im Lächeln meines Kindes, das den Sommer der Liebe in mein Heim gebracht hat. Vergnügt gehen meine Tage dahin, angefüllt mit den Pflichten des Haushalts. In der Morgendämmerung erhebe ich mich, um die Götter zu preisen und ihnen Körner zu spenden, ich beschneide den Tulsi-Busch und sage meinen Dienstmägden, was sie zu tun haben, und so vergeht der Tag bis mittag, wo dann mein Gatte seinen Kopf in meinen Schoß legt und durch meinen leisen Gesang in den Schlaf gewiegt wird, während ich ihm Luft zufächere. Zum Abendbrot stehe ich wieder an seiner Seite und trage ihm Kuchen

auf. Dann entzünden sich die silbernen Lichter
der Sterne und zeigen uns, daß die Zeit zum
Schlafen gekommen ist, nachdem wir noch zuvor im Tempel gewesen sind und Gespräche
mit Freunden geführt haben.

Wie sollte ich nicht glücklich sein, die ich so
sehr gesegnet bin und die ich meinem Gatten
diesen Knaben geboren habe, dessen kleine
Hand seine Seele einst zum Swarga-Himmel
führen wird, wenn die Zeit dafür gekommen
ist? Denn unsere heiligen Bücher lehren, daß es
dem Menschen wohlergehen wird nach seinem
Tod, wenn er Bäume gepflanzt hat, die dem
Wandersmann Schatten spenden, wenn er einen Brunnen gegraben hat, den Menschen zum
Wohle, und wenn er einen Sohn hinterläßt. Und
was die Bücher sagen, das führe ich demutsvoll
aus. Bin ich doch nicht weiser als jene großen
Alten, die mit den Göttern gesprochen und so
viele Hymnen und Zauberformeln gekannt haben und auch die Wege der Tugend und des Friedens.

Ich denke auch, daß aus Gutem nur Gutes kommen kann und aus dem Üblen nur Übles. So
muß es überall sein, an jedem Ort und zu jeder
Zeit. Süße Früchte wachsen aus edlen Wurzeln,
und Bitteres wächst aus den giftigen. Ja, ich sehe auch wie aus der Feindseligkeit der Haß entsteht, wie sich die Freundlichkeit Freude macht

und wie die Geduld den Frieden bringt, und das alles mitten im Leben.

Wenn uns aber zu sterben bestimmt ist, wird es dann im Jenseits nicht ebensogut sein wie hier und noch viel besser? Aus einem Reiskorn wächst eine Pflanze, die vielleicht wieder fünfzig Körner trägt, und all die weißen und goldfarbigen Sternenblüten des Champak sind im Frühling noch in kleinen Knospen verborgen. Wohl weiß ich, Herr, daß es Leiden gibt, die zu ertragen die Geduld selbst in den Staub werfen würde. Wenn dieses mein Kind sterben würde, dann würde, denke ich, mein Herz brechen – und fast hoffe ich, daß es brechen würde – und in jene Welt eingehen, die den getreuen Gattinnen bestimmt ist. Dort würde ich meinen Gatten erwarten, bis seine Stunde kommt. Wenn aber der Tod meinen Gatten Senani rufen sollte, dann würde ich seinen Scheiterhaufen besteigen und seinen geliebten Kopf in meinen Schoß legen und jubeln, wenn die Fackeln die Scheiter entzünden, so daß der erstickende Rauch hervorquillt, denn es steht geschrieben, daß eine indische Frau, die solcherart stirbt, der Seele ihres Gatten für jedes Haar, das sie auf dem Haupte trägt, zehntausend Jahre Swarga-Himmel verschafft. Deshalb habe ich keine Angst. Und deshalb, heiliger Mann, ist mein Leben glücklich.

Und doch vergesse ich die anderen Menschen
nicht, die in Schmerz und Armut leben müssen, oder böse und erbärmlich, und denen selbst
die Götter ihr Mitleid schenken. Aber was
mich betrifft, ich versuche demütig alles Gute
zu tun, was ich tun kann. Wer den Gesetzen gehorsam ist und im Vertrauen auf das lebt, was
kommen wird, dem wird es wohl ergehen. Das
muß so sein.«

Darauf sprach der Buddha: »Du wärst ein Lehrer für die, die lehren, denn weiser als die Weisheit ist deine einfache Lehre. Sei damit zufrieden, daß du nicht mehr weißt als das. Denn du
kennst den Weg des Rechten und der Pflicht.
Wachse, du Blume, mit deiner lieblichen Schar
in friedvollem Schaffen! Die Mittagssonne der
Wahrheit ist nicht für die zarten Blätter bestimmt, die erst in vielen Leben wachsen und
stark werden müssen, ehe sie schließlich eine
mächtige Baumkrone bilden, die in den Himmel ragt. Du hast mir deine Verehrung gezollt –
ich gebe dir meine Verehrung, o edles Herz! Ohne es zu wissen, hast du Großes gelernt, so wie
die Taube durch ihre Liebe lernt heimzufliegen
in ihren Taubenschlag. In dir wird sichtbar, wo
die Hoffnung für die Menschen gelegen ist und
wie wir das Rad des Lebens willentlich anhalten können. Der Friede gehe mit dir und sei dir
an allen Tagen ein Trost! Möge ich ebenso mein

Ziel erreichen, wie du das deine erreichst! Der,
den du für einen Gott hieltest, segnet dich mit
diesem Wunsch!«
»Mögest du dein Ziel erreichen!« sagte sie, wobei ihre ernsten Augen auf ihr Kind gerichtet
waren, das seine zarten Hände nach dem Buddha ausstreckte, weil es, wie das wahrscheinlich bei Kindern der Fall ist, mehr wußte, als die
Erwachsenen ahnen. Es erwies dem Buddha seine Verehrung. Dieser aber stand auf, denn die
reine Speise hatte ihm Kraft gegeben, und
wandte seine Schritte an einen Ort, wo ein großer Baum stand – der Bodhi-Baum, wie man ihn
in all den Jahren seither genannt hat.
Niemals hat die Welt seitdem aufgehört, diesen
Baum als eine Stätte der Anbetung zu verehren.
Denn es war bestimmt, daß der Buddha unter
seinen Blättern die Wahrheit schauen sollte.
Der Buddha wußte schon damals um die Be-
stimmung, und deshalb ging er gemessenen
Schrittes zielbewußt und majestätisch hin, um
diesen Baum der Weisheit aufzusuchen. Jubelt,
ihr Welten! Der Herr hatte sich nun zu diesem
Baum begeben!
Als er in den breiten Schatten des Baumes ein-
trat, der von den Stämmen anderer Bäume wie
von Säulen umstanden war, gedeckt mit einem
Laubdach aus glitzerndem Grün, da regte sich
die wache Erde, bewegte anbetungsvoll die wo-

genden Grashalme, und zu Füßen des Erhabenen schossen Blumen aus dem Boden. Die Zweige des Waldes neigten sich herab, um ihm Schatten zu spenden, und vom Fluß her kam der Atem der Wassergötter als eine kühle Brise, die mit dem Duft von Lotosblüten erfüllt war. Mit großen, verwunderten Augen betrachteten die Tiere des Urwalds, Panther, Wildschweine und Antilopen, seine edlen Gesichtszüge. Friedlich kamen sie jeden Abend aus ihren Höhen und aus dem Dickicht. Eine tödliche Schlange mit ihren bunten Zeichnungen kam aus ihrem Erdloch und tanzte zu Ehren des Buddha. Leuchtend helle Schmetterlinge flatterten mit ihren blauen, grünen und goldfarbigen Flügeln, um ihm Luft zuzufächeln. Edle Raubvögel ließen ihre Beute fallen und stießen Schreie aus. Das gestreifte tropische Eichhörnchen sprang von einem Stamm zum andern, um ihn sehen zu können. Der Webervogel zwitscherte ihm aus seinem schwankenden Nest zu. Die Eidechse lief, der Kuckuck sang seine Hymne, die Tauben versammelten sich um ihn, und auch die Kriechtiere auf dem Boden sahen ihn und waren glücklich.

Die Stimmen von Erde und Luft vereinigten sich zu einem einzigen Gesang, der den Ohren, die hören konnten bedeutet: »O Herr und Freund, Liebender und Erlöser, du hast dir den

Ärger und den Stolz unterworfen, die Wünsche, die Befürchtungen und die Zweifel! Für einen jeden einzelnen hast du dich hingegeben. Kommt alle zu diesem Baum! Die traurige Welt segnet dich, der du der Buddha bist und sie von ihrem Leid erlösen wirst. Komm! Sei gesegnet und geehrt! Bemühe dich so viel du kannst für uns, du König, du großer, siegreicher König! Deine Stunde ist gekommen, dies ist die Nacht, auf den ganze Zeitalter gewartet haben!«

Dann kam die Nacht. Der Meister saß unter dem Baum. Aber Mara, der Beherrscher der Dunkelheit, wußte, daß hier der Buddha saß, der die Menschen erlösen konnte, und daß die Stunde gekommen war, da er die Wahrheit finden und die Welt erlösen sollte. Und da setzte er noch einmal alle üblen Kräfte, über die er herrschte, darein. Aus allen finsteren Winkeln der Welt holte er alle üblen Gestalten herbei, die die Weisheit und das Licht bekämpfen: Aragi, Trishna, Raga und ihre Heerscharen der Leidenschaften, der Ängste, der Unwissenheit und der Lüste, die Brut der Finsternis und Bedrohung. Sie alle haßten den Buddha und versuchten seinen Geist zu erschüttern. Niemand, auch nicht der Weiseste, kann sich vorstellen, wie diese Ausgeburten der Hölle in dieser Nacht darum kämpften, die Wahrheit von Buddha fernzuhalten. Sie kämpften mit den

Schrecken von Gewittern und Explosionen, ganze Armeen von Dämonen umwölkten den Himmel, Donner rollten, und helle Blitze fuhren wie zackige, purpurfarbene Speere hernieder. Dann wieder ertönten übermütige Lieder, Liebesgeflüster und Versprechungen königlicher Herrschaft, manchmal untermischt mit ironischen Äußerungen des Zweifels, die das Streben nach Wahrheit als eitlen Stolz erscheinen ließen.

Es steht jedem frei, sich sein eigenes Bild davon zu machen, ob dieser Kampf in äußerlicher und sichtbarer Form stattgefunden oder ob er sich nur im innersten Herzen des Buddha abgespielt hat. Ich schreibe hier, was die alten Bücher geschrieben haben.

Die zehn Hauptsünden kamen, die mächtigsten Gefährten des Mara, die Engel des Bösen.

Zuerst kam Attavada, die Sünde der Selbstsucht, die im ganzen Universum wie in einem Spiegel ihr eigenes wunderbares Antlitz widergespiegelt sieht und dabei ruft: »Ich«, und die auch möchte, daß die ganze Welt »Ich« ruft, so daß dadurch alle Dinge zugrunde gehen. »Wenn du der Buddha bist«, sagte sie, »dann laß die anderen in der Dunkelheit schmachten; es ist genug, wenn du in allen Ewigkeiten du selbst bist. Steh auf und erfreue dich an der

Glückseligkeit der Götter, die nichts verändern, sich um nichts kümmern und nach nichts streben.«

Aber der Buddha sprach: »Was an dir richtig ist, weiß ich längst, was jedoch falsch ist an dir, das ist ein Fluch für die Welt. Die Liebe aber wirst du nicht täuschen können.«

Dann kam der blasse Zweifel, der, der stets verneint, die Sünde, die sich über alles lustig macht, und zischelte in das Ohr des Meisters: »Alle Dinge sind nur äußerlich, und eitel ist das Wissen um ihre Eitelkeit. Du jagst nur den Schatten deiner selbst. Erhebe dich, geh weg von hier! Das Beste ist die hartnäckige Verachtung aller Dinge. Du kannst den Menschen nicht helfen, und du kannst dieses wirbelnde Rad in seiner Drehung nicht anhalten.«

Aber unser Herr erwiderte: »Du hast nichts mit mir gemein, Visikitcha, du bist falsch! Du bist der gefährlichste Feind der Menschen.«

Und als dritte kam sie, die den dunklen Geheimlehren ihre Macht verleiht: Silabbat-Paramasa, die Zauberei, die in manchen Ländern demütig als der wahre Glaube verehrt wird, die die Seelen der Menschen mit Riten und Gebeten betört und die sagt, sie hätte die Schlüssel, die die Höllen verschließen und die Himmel öffnen können.

»Wagst du es, unsere heiligen Brüder der Lüge

zu zeihen, unsere Götter von den Thronen zu stoßen, die Menschen aus allen Tempeln zu vertreiben und das Gesetz zunichte zu machen, das den Unterhalt der Priester und die Erhaltung ihrer Güter gewährleistet?« fragte sie ihn.

Der Buddha antwortete: »Was du unversehrt wissen willst, ist nur eine äußere Form, die vergeht, die Wahrheit aber ist frei. Sie bleibt immer bestehen. Geh zurück in deine Dunkelheit!«

Und als nächster kam noch ein gefährlicher Versucher. Es war Kama, der König der Leidenschaften, der über die Götter selbst gebietet, der Herr aller irdischen Liebe und aller Vergnügen, der den Buddha lockend beschlich. Lachend kam er zum Baum herbei und trug einen goldenen Bogen, der mit roten Blüten geschmückt war. Seine Pfeile sind die Wünsche, die sich mit ihren Spitzen ins Herz bohren, schlimmer als wären sie vergiftet. Fünf gefährliche Flammen sind in der Spitze seiner Pfeile verborgen. Und zusammen mit ihm kamen Scharen heller Gestalten an diesen einsamen Ort, mit himmlischen Augen und Lippen, die mit lieblichen Worten zum Klang unsichtbarer süßer Saiten das Lob der Liebe sangen.

So berückend war ihr Gesang, daß die Nacht stillzustehen schien, um ihn zu hören. Selbst

Mond und Sterne blieben lauschend in ihren Bahnen stehen. Sie sangen dem Buddha Lobeshymnen ins Ohr über jene Freuden, die für ihn auf immer verloren wären, sie sangen, wie es für den Sterblichen in den drei Welten nichts Schöneres gäbe, als Liebe und Schönheit an der duftenden Brust einer Frau zu genießen und die Harmonie ihrer Formen und den Zauber ihrer Lieblichkeit, wie unaussprechlich diese Freude ist und wie sie doch von Seele zu Seele spricht, wie sie das Blut wallen macht und den Willen, der sie ergreifen möchte, bezaubert und erkennen läßt, daß sie der wahre Himmel ist, wo die Sterblichen wie die Götter sind, Schöpfer und Meister in diesem Geschenk aller Geschenke, das sich ewig erneuert und tausendfaches Leiden wert ist.

Wer trauert schon, wenn weiche Arme ihn umfangen und alles Leben zu einem glücklichen Seufzer zerschmilzt und wenn alle Welt gegeben wird in einem einzigen heißen Kuß?!

So sangen die Begleiterinnen des Kama, begleitet von zarten, lockenden Bewegungen ihrer Hände. Flammen der Liebe leuchteten aus ihren Augen, und mit gewinnendem Lächeln bewegten sich ihre biegsamen Körper und Glieder in einem Tanz, der ihre Formen enthüllte und wieder verbarg, so daß sie wie Knospen erschienen, die sich zu öffnen beginnen, so daß ihre

Farbe schon sichtbar ist, aber noch nicht die ganze Blüte. Noch niemals hatte so große Anmut das Auge des Buddha erfreut wie jene dieser mitternächtlichen Tänzerinnen, die Schar um Schar immer näher an den Baum herankamen, eine jede noch lieblicher als die vorige, und ihm zuflüsterten: »O großer Siddhartha, ich bin dein! Koste meine Lippen, und siehe die Schönheit der Jugend!«

Als dies alles aber den Geist des Meisters nicht bewegen konnte, siehe, da machte Kama eine Bewegung mit seinem magischen Bogen, die Schar der Tänzerinnen teilte sich, und die schönste und wunderbarste von ihnen allen näherte sich dem Prinzen in der Gestalt und in der Kleidung seiner schönen Yasodhara. Zart leuchtete die Leidenschaft aus ihren dunklen, tränenerfüllten Augen. Sehnsuchtsvoll öffnete sie ihre Arme in seine Richtung. Wie Musik klang der Seufzer, mit dem die wunderbare Lichtgestalt seinen Namen nannte. »Mein Prinz«, sagte sie, »ich sterbe, wenn ich dich nicht habe. Welchen Himmel hast du gefunden, der schöner sein könnte als der Palast unserer Freuden am lichten Rohini-Fluß, wo ich all diese Jahre hindurch verweile und um dich weine? Kehre zurück, o Siddhartha, kehre zurück! Berühre wieder meine Lippen, nimm mich wieder an deine Brust, und mach diesem traurigen

Traum ein Ende. Bin ich nicht die, die du geliebt hast?«

Aber der Buddha sagte: »Dein Spiel ist vergebens, du schöner und falscher Schatten, der du mir meine Yasodhara vorgaukelst. Ich verfluche dich nicht, die du in einer Gestalt auftrittst, die mir so teuer ist, und doch ist alles irdische Leben so wie du. Es zerschmilzt wieder ins Nichts!«

Da erscholl ein schriller Schrei, und die ganze Schar der Schönen löste sich in Feuerflammen und Rauch auf, der schnell verschwand.

Nun erhob sich ein mächtiger Sturm aus dem schwarzumwölkten Himmel, und noch schlimmere Sünden kamen zum Vorschein.

Die schlimmste der zehn war Patigha, der Haß. Sie hatte Schlangen um die Hüfte geschlungen, die aus ihren hängenden Brüsten vergiftete Milch saugten. Das ärgerliche Zischen der Schlangen vermischte sich mit den Flüchen von ihren Lippen. Aber wenig vermochte sie gegen den Heiligen. Seine ruhigen Augen machten ihre bitteren Lippen stumm, und die schwarzen Schlangen wandten sich, um ihre Giftzähne zu verbergen.

Dann folgte Ruparga, die Lust der Tage, jene Sünde der Sinnlichkeit, die aus Lebensgier zu leben vergißt, und danach kam die Lust am Ruhm, die edler erscheinende Aruparaga, die selbst die Weisen verführt und mutige Taten, Kämpfe und Unternehmungen hervorbringt.

Auch die stolze Mano kam, die Sünde der Eitelkeit, und die aalglatte Uddhachcha, die Selbstgerechtigkeit. Und in Begleitung einer riesigen schattenhaften Schar bösartiger, ungestalter und gestaltloser Wesen und Dinge, die kreuchten und fleuchten wie Kröten und Fledermäuse, kam Avidya, die Unwissenheit, von der die Flüche der Angst und des falschen Handelns ausgehen, jenes verborgene Scheusal, dessen Schritte selbst die Mitternacht noch dunkler machen.

Die Berge erzitterten, der Wind heulte. Die Wolken zerbarsten, Schauer von eigentümlich leuchtendem Regen brachen aus ihnen hervor. Sternschnuppen fielen vom Himmel, und die Erde erzitterte, als hätte jemand mit Feuer an ihre offenen Wunden gerührt. Die zerrissene schwarze Luft war erfüllt mit dem Schwirren von Flügelschlägen, mit Geschrei und Gejohle. Man sah die Gesichter übler Gestalten mit riesiger Stirn, furchtbar und majestätisch, die Herren der Hölle, die aus tausend Unterwelten ihre Truppen zusammengezogen hatten, um den Meister zu versuchen.

Aber den Buddha kümmerte das nicht. In heiterer Ruhe saß er da. Die Vollkommenheit seiner Tugend war seine Festungsmauer, und auch der heilige Bodhi-Baum rührte sich nicht inmitten

des Tumultes, sondern jedes seiner Blätter war
so still, als wäre es eine mondhelle Nacht, in
der kein Windhauch sich regt und es wagen
würde, an den Edelsteinen der Tautropfen zu
rühren. All das Geschrei tobte nur außerhalb
des Schattenbereiches seiner Laubkrone.
In der dritten Nachtwache war die Erde still.
Die höllischen Legionen waren geflohen, und
ein kühler Windhauch kam vom sinkenden
Mond her. Zu dieser Stunde erreichte der Buddha den Zustand von Samma-Sambuddha.
Durch ein Licht, welches jenseits des irdischen
Wahrnehmungsbereiches liegt, sah er auf seine
vergangenen Leben zurück, wie er sie in den
verschiedenen Welten gelebt hatte. Weiter und
weiter sah er zurück, bis in die fernste Vergangenheit. Fünfhundertundfünfzig Leben sah
er.
Es erging ihm wie einem Bergwanderer bei der
Gipfelrast, der vom Gipfel aus den ganzen Weg
sehen kann, der ihn über Klippen und Abhänge
emporgeführt hat, durch dichte Wälder, die
jetzt wie kleine Fleckchen aussehen, durch
Sümpfe, die in unechtem Grün glitzerten,
durch Mulden, die er nur mit größter Mühe
durchqueren konnte, über schwindlige Höhen,
wo seine Füße beinahe ausgeglitten wären, und
der in der Ferne auch die sonnigen Wiesen sieht,
den Wasserfall, die Höhle und den Weiher, und

in der Ferne noch verschwimmend das Haus, von dem aus er zu jenen Höhen aufgebrochen war. So sah der Buddha jetzt die miteinander verbundenen, aufwärts führenden Stufen seiner Leben, angefangen von jenen, wo man gerade imstande ist zu atmen, bis zu den höheren und immer höheren, auf denen die zehn großen Tugenden den Wanderer erwarten, um ihn himmelwärts zu führen.

Und hier konnte der Buddha auch sehen, wie jedes neue Leben das erntete, was das vorige gesät hat, wie das neue Leben dort beginnt, wo das alte unterbrochen wurde, wie dem neuen Leben die Verdienste des alten zugute kommen, aber wie ihm auch die Verantwortung für die Übel des alten zufällt, wie in jedem Leben das Gute wieder Gutes erzeugt und das Üble neues Übel, wie der Tod die Schulden und die Guthaben nur aufbewahrt, worauf sich die Rechnung der Verdienste und der Verfehlungen in einem späteren Leben duch eine unfehlbare Mathematik wieder ausgleicht, so daß nicht das kleinste davon verlorengeht. Er konnte sehen, wie die Gedanken und die Taten vergangener Leben zusammengefaßt und in jedes neue Leben hineingepackt werden und ebenso die Bemühungen, die Siege, die Erinnerungen und die Narben.

Um die mittlere Nachtwachte erlangte der Buddha Abhijna, eine riesige innere Schau, die

weit über diese Welt hinausreicht, bis in Sphären, die keine Namen mehr haben. Ein Welt-
system nach dem anderen verstand er, zahllose
Universen und Sonnen in ihren harmonischen
Ausmaßen, Sphären, wie sie untereinander verbunden und dennoch getrennt waren, jede von
ihnen für sich, silberne Inseln auf einem saphir-
blauen Meer, das keine Ufer hat, grenzenlos tief
ist und im Grunde unveränderlich, das aber zu
Wellen aufgepeitscht wird, die in den Gezeiten
rastloser Veränderung einherrollen. Er sah jene
Herren des Lichts, die die Welten an unsichtbaren Banden festhalten, und er sah, wie diese
selbst gehorsam in noch mächtigeren Bahnen
kreisen, um solchen zu dienen, die noch glän-
zender waren als sie, wobei das Strahlen ihres
Lebens in einem Stern nach dem anderen auf-
blitzte und selbst von Mittelpunkten kam, die
selbst wieder von Mittelpunkten her beleuch-
tet wurden.

Das alles sah der Buddha in seiner grenzenlosen
Schau, und von all diesen Welten, Sphäre um
Sphäre, sah er deren ganze Geschichte, die Kal-
pas und Maha-Kalpas – Zeiträume, die kein
Mensch erfassen kann, auch dann nicht ,wenn
er die Tropfen im Ganges von der Quelle bis ans
Meer zählen könnte.

Mit Worten unbeschreiblich war diese Schau
der Sphären, von denen jede ständig entweder

im Wachsen oder im Dahinschwinden war, wo
alles, was er sah, im Zuge war, sein leuchtendes
Leben zu erfüllen, um dann im Erlöschen zu
sterben. Sakwal um Sakwal ging er durch Höhen und Tiefen, durch die blaue Unendlichkeit,
wobei ihm auffiel, daß hinter allem, was er sah,
hinter allen Sphären und auch noch jenseits des
Lichtimpulses einer jeden Sphäre, unausge-
sprochen jener feste Entschluß am Werke war,
jener Wunsch der Dunkelheit zur Entwicklung
nach dem Lichte hin, des Toten zum Leben hin,
der Fülle zur Leere hin, des Umgeformten zur
Form, des Guten zum Besseren, des Besseren
zum Besten, all das durch ein unausgesproche-
nes Gesetz, ein Gesetz, das keiner erlassen
mußte und das keiner außer Kraft setzen kann.
Denn dieses Gesetz ist jenseits aller Götter unveränderlich, unaussprechlich und erhaben, es
ist eine Macht, welche baut und wieder zerstört
und wiederum baut, die alle Dinge nach den Regeln der Tugend beherrscht, welche Schönheit
ist, Wahrheit und Nützlichkeit.
Alle Dinge tun wohl, die jener Macht dienen,
und sie tun übel, wenn sie behindern. So tut
auch der Wurm wohl, wenn er den Gesetzen
seiner Art gehorcht, der Falke tut wohl, wenn er
seinen Jungen die blutigen Beutetiere vorsetzt,
und der Tautropfen und der Stern scheinen in
gleicher Weise, denn sie beide gehören zu ei-

nem riesigen Einen. Nach diesem Gesetz wird
jener Mensch nach dem Tode ein angenehmes
Leben haben, der seinen Weg ohne Tadel macht,
mit dem ernsten Willen, den kleinen und den
großen Geschöpfen in ihrem Leben zu helfen
und sie nicht zu hindern. All das sah unser Herr
um die mittlere Nachtwache.

Als die vierte Nachtwache kam, durchschaute
er das Geheimnis des Leides, wie sich dieses
durch das Übel dem Gesetz entgegenstellt, so
wie Dampf und Wasser das Feuer des Goldschmiedes behindern.

Und dann kam Dukha-Satya zu ihm, die erste
der »edlen Wahrheiten«. Er erkannte, wie das
Leid nur ein Schatten des Lebens ist, der sich
immer dorthin bewegt, wohin sich das Leben
bewegt, den man nicht ablegen kann, solange
man nicht das Leben ablegt, mit seinen sich än-
dernden Phasen wie Geburt, Wachstum, Ver-
fall, Liebe, Haß, Vergnügen, Schmerz, Sein und
Tun. Er erkannte, wie sich keiner von diesen
traurigen Vergnügungen und vergnüglichen
Traurigkeiten trennen kann, der nicht weiß,
daß sie nur Fallstricke sind. Wer aber weiß, daß
nur Avidya, die Unwissenheit, diese Fallstricke
legt, der liebt nicht länger das Leben als solches,
sondern er versucht, den Fallstricken zu entkommen. Die Augen eines solchen Menschen
werden weit. Er sieht, wie die Täuschung Sank-

hara hervorruft, die Neigung zum Bösen, und Vidnan, die Neigung zur Bewegung, und diese Namarupa, die Entstehung von Formen, Namen und Verkörperung, die den Menschen mit seinen Sinnen entstehen lassen und das, was diese Sinne wahrnehmen können.

So wird der Mensch zum hilflosen Spiegel aller vorübergehenden Dinge, die sein Herz berühren. Und so wachsen Vedana, das Leben auf der Ebene der Sinne, mit seinen falschen Freunden und seiner falschen Traurigkeit, die beide wieder Wünsche hervorbringen, und Trishna, das, was den Lebendigen dazu treibt, mehr und mehr von jenem falschen Salzwasser von Vergnügungen zu trinken, ein reiches Mahl und reiche Bekleidung zu genießen, eine schöne Wohnung, den Stolz auf adelige Abstammung, die Lust der Tage, den Ehrgeiz im Leben und die Sünden, die aus diesem Ehrgeiz folgen, von denen einige süß sind und einige bitter. So wird der Durst des Lebens mit einem Trank gelöscht, der den Durst vergrößert.

Wer aber weise ist, der reißt sich diesen Trishna-Durst aus der Seele und nährt seine Sinne nicht länger von falschen Schatten und setzt seinen Entschluß darein, nichts zu suchen, nach nichts zu streben und nicht falsch zu handeln. Er erträgt demütig alles Übel das durch seine vergangenen falschen Handlungen verursacht ist, und engt seine Leidenschaften so lange ein, bis sie des Hungers sterben, bis am Ende das Karma, bis die Sucht des gesamten Lebens, das Insgesamt der Seele, das aus dem besteht, was sie gedacht und getan hat – dieses »Selbst«, das aus Schußfäden der unsichtbaren Zeit und aus den unsichtbaren Kettfäden der Handlungen gewoben ist –, bis diese Gesamtwirkung des Menschen auf das Universum sündenlos und rein geworden ist. Dann ist es für diese Seele entweder nicht mehr notwendig, sich an einem bestimmten Platz zu verkörpern, oder sie hat die Möglichkeit, diese Verkörperung so zu gestalten, daß die Aufgaben, die ihr im neuen Leben zufallen, leichter und immer leichter erscheinen, bis sie eigentlich gar keine Aufgaben mehr sind. Solcherart beendet die Seele ihren Weg, sie wird vom Trug des Erdenlebens frei. Sie wird von der Begrenztheit durch den Körper befreit und ebenso von der Begrenztheit des Geistes. Sie wird davon befreit, an das sich drehende Rad von Geburt und Tod gebunden zu sein.

Dann ist die Seele erweckt und geistig gesund, wie die eines Menschen, der aus haßerfüllten Träumen erwacht ist, und es kommt der Punkt, wo diese Seele größer wird als die Könige und glückseliger als die Götter, wo ihre Anhänglichkeit an das Leben endet und das Leben –

ohne Leben – zu jener namenlosen Stille hin-
übergleitet, jener namenlosen Freude, dem gesegneten Zustand des Nirvana, der sündlosen,
bewegungslosen Ruhe, jener Veränderung, die
sich niemals verändert.

Siehe, der Tag brach an, als der Buddha seinen
Sieg errungen hatte! Im Osten brachen die ersten Strahlen des Tageslichtes durch den
schwarzen Vorhang der Nacht hervor. Hoch am
Himmel verblaßte silbern der Morgenstern,
und heller und heller ergoß sich das Morgenrot
über den grauen Himmel. In der Ferne schon sahen die dunklen Berge die Sonne, noch bevor
die übrige Welt erwachte. Rot erstrahlten ihre
Gipfel. Eine Blüte nach der anderen fühlte den
warmen Atem des Morgens und begann ihre
zarten Blütenblätter zu entfalten. Über die glitzernden Grashalme bewegte sich das liebliche
Morgenlicht mit raschen Schritten vorwärts,
machte die Tränen der Nacht zu strahlenden
Edelsteinen und übergoß die Erde mit ihrem
Glanz. Es umgab die sinkenden Sturmwolken
mit einem Saum aus goldenem Licht, es vergoldete die gefiederten Blätter der Palmen, die ihm
freudig zum Gruß entgegenwinkten, es warf
goldene Strahlen in die Waldlichtungen und berührte den Fluß wie mit einem Zauberstab und
färbte seine Wellen zu leuchtendem Rubinrot.

Im Farnkraut fielen seine Strahlen auf die freundlichen Auen der Antilopen und sagten ihnen: »Es ist Tag.« In den Vogelnestern fanden sie viele kleine Köpfe, die unter einem großen Flügel verborgen waren, und flüsterten ihnen zu: »Ihr Kinder, freut euch über das Tageslicht!«

Währenddessen sangen die Vögel ihr Loblied. Man hörte den Flötengesang des Kuckucks, das Lied der Nachtigall und den Ruf »Morgen, Morgen«, der von der bunten Drossel kam. Man hörte das Gezwitscher des Bienenfressers, der aufbrach, um Honig zu suchen, noch ehe die Bienen den Stock verlassen konnten. Man hörte das Rufen der Krähen, das Schreien der Papageien, das Klopfen des grünen Spechtes, das Lied der Amsel und die endlosen Liebeslitaneien der Tauben.

Ja, so heilig war jener wunderbare Sonnenaufgang, der auf den Sieg des Buddha folgte, daß sich nah und fern ein nie gekannter Friede über die Menschen verbreitete. Der Mörder verbarg sein Messer. Der Räuber gab seine Beute zurück. Der Wucherer bezahlte mit vollgewichtigen Münzen. Alle üblen Herzen wurden sanft, und die freundlichen wurden noch freundlicher. Im wilden Krieg verstrickte Könige vereinbarten Waffenstillstand. Die Kranken sprangen lachend vom Lager ihrer Schmerzen auf.

Die Sterbenden lächelten, als wüßten sie, daß der glückliche Morgen aus einer Quelle kam, die weiter entfernt war als das fernste Land im Osten. Und über das Herz der traurigen Yasodhara, die tief trauernd auf Prinz Siddharthas Bett saß, kam eine plötzliche Glückseligkeit, als wüßte sie, daß die Liebe nicht unterliegen kann und daß auch ihr riesiges Leid ein freudiges Ende finden müsse.

So glücklich war die Welt – obwohl sie nicht wußte warum –, daß selbst in wüsten und verlassenen Gegenden Freudengesänge ertönten, die dem, der sie hörte, die Besinnung raubten. Diese wurden von den Prets, den Geistern kürzlich Verstorbener, und den Bhuts gesungen, jenen Geistern, die gewöhnlich böse waren. Sie alle sahen das Wirken des Buddha vorher. Und die Devas in der Luft riefen: »Es ist vollbracht, es ist vollbracht!« Die Priester standen mit Scharen verwunderter Menschen in den Straßen und sahen zu, wie sich goldener Glanz über den Himmel ausbreitete, und sagten: »Etwas Großes ist soeben geschehen.«

Auch in Feld und Wald wuchs an diesem Tag die Freundschaft zwischen den Geschöpfen. Gefleckte Rehe bewegten sich furchtlos dort, wo die Tigerin säugte. Panther tranken an der Seite von Antilopen aus dem Weiher. Unter dem Adlerfelsen tummelten sich braune Hasen, während sich der Adler mit seinem scharfen Schnabel müßig die Flügel putzte. Die Schlange sonnte ihren bunten Körper, ohne ihre tödlichen Giftzähne zu gebrauchen. Der Würgervogel ließ den jungen Finken vorbeifliegen. Träumend saßen die smaragdgrünen Eisvögel da, während unter ihnen die Fische im Wasser spielten. Auch die Bienenfresser machten keine Jagd, obwohl rote, blaue und gelbe Schmetterlinge in dichten Scharen um sie herumflatterten.

Mächtig hatte sich der Geist des Buddha über Menschen und Tiere ausgebreitet, auch während dieser noch unter dem Bodhi-Baum saß und in Gedanken versunken war. Aber um ihn war der Glanz seines Sieges, den er für alle errungen hatte und der ihn mit einem Licht erleuchtete, das größer war als das Licht des Tages.

Dann erhob sich der Buddha unter seinem Baum. Strahlend freudig und stark sprach er mit lauter Stimme die folgenden Worte, und alle Zeiten und Welten hören ihm zu:

»Die Häuser vieler verschiedener Leben haben mich beherbergt, mich, der ich Ihn gesucht habe, der diese Gefängnisse der Sinne gebaut und mit Leid erfüllt hat. Schmerzlich war mein unaufhörliches Bemühen. Aber jetzt kenne ich Dich, Dich, den Erbauer dieses Tabernakels. Ich kenne Dich! Niemals wieder wirst Du mir diese Mauern des Schmerzes erbauen, die von diesen Balken der Täuschungen gestützt sind. Nie wirst Du neue Balken auf diesen Grund legen. Zerbrochen ist Dein Haus, sein Dachfirst ist gespalten. Die Täuschung hat es erbaut. In Sicherheit bin ich jetzt, denn ich habe die Befreiung erlangt.«

SIEBTES BUCH

Die Rückkehr des Buddha

Sorgenvoll weilte König Suddhodana in all diesen Jahren unter den Fürsten des Sakya-Reiches, betrübt darüber, daß sein Sohn nicht da war und er nicht mit ihm sprechen konnte. Traurig saß auch die schöne Yasodhara in all diesen Jahren da und fand keine Freude am Leben. Ihr Herr und Prinz hatte sie verlassen. Stets brannte sie darauf, Neuigkeiten über fern lebende Einsiedler zu erfahren, wie Kameltreiber, weitgereiste Kaufleute oder Boten des Königs sie zu erzählen wußten. Dabei hörte sie von vielen Heiligen und weisen Männern, die von zu Hause weggegangen waren und in der Einsamkeit lebten. Aber nichts erfuhr sie über den Prinzen, der der Edelste im Königshause von Kapilavastu war, der Ruhm und die Hoffnung des Königs, und dem das ganze Herz der schönen Yasodhara gehörte. Weit mußte er gewandert sein, vergessen mußte er sie haben, oder er hatte sich verändert, oder er war tot. Dann aber kam jener Frühlingstag. Die Zweige des Mangobaumes glänzten silbrig, und das ganze Land hatte das Gewand des Frühlings an. Die Prinzessin saß am Ufer des hellen Wasserlaufes in ihrem Garten, der wie vorbeigleitendes Glas aussah und mit Lotosblüten gesäumt war und in dem sich in ihrer seligen Vergangenheit so oft ihr Zusammensein mit dem Prinzen gespiegelt hatte, wie sie einander an den Händen hielten und wie sich ihre Lippen berührten. Jetzt waren ihre Lider blaß durch die Tränen, und ihre zarten Wangen waren eingefallen. Der wunderbare Schwung ihrer Lippen war von Trauer gezeichnet, und der strahlende Glanz ihres Haares war verborgen. Sie trug das Haar zusammengebunden, wie es für Witwen üblich ist. Sie trug keinen Schmuck und auch keine juwelenbesetzten Spangen auf ihrem einfachen weißen Trauerkleid.

Langsam und mühsam bewegte sie ihre zarten, kleinen Füße, die sich einst fröhlich beim Klang der liebevollen Stimme des Prinzen fröhlich wie die Füße eines Rehes und leicht wie das Fallen eines Rosenblattes bewegt hatten. Ihre Augen, die einst vor Liebe geleuchtet hatten, als breche das Sonnenlicht aus der tiefsten Dunkelheit hervor, um dem Frieden der Nacht den Glanz des Tages zu geben, waren jetzt trübe und irrten ziellos umher. Kaum empfanden sie die Zeichen des herankommenden Frühlings, die sich schon häuften, so sehr waren sie ständig von den seidig glänzenden Wimpern verhüllt.

In der einen Hand hielt Yasodhara einen dicht mit Perlen besetzten Gürtel, der Siddhartha gehörte. Seit der Nacht, da der Prinz entflohen war, hielt sie diesen Gürtel heilig. O Bitterkeit jener Nacht, der so viele Tage des Weinens gefolgt waren! Wo war Liebe je so mitleidlos gewesen, daß sie sich selbst ein Ende setzte, ohne auf das Ende des Lebens zu warten?

An der anderen Hand hielt Yasodhara ihren kleinen Sohn, einen Knaben von göttlicher Schönheit, das Pfand der Liebe Siddharthas. Sein Name war Rahula. Er war jetzt sieben Jahre alt und trippelte fröhlich neben seiner Mutter her. Leicht war ihm ums Herz, weil er sah, wie die Frühlingsblumen überall wuchsen.

Während sie so an den Ufern der Lotosteiche saßen, da warf Rahula den blauen und roten Fischen Reiskörner zu, und Yasodhara betrachtete die schnellen Bewegungen der Kraniche, wobei sie seufzte: »O ihr Geschöpfe, die ihr mit euren Flügeln weithin durchs Land zieht, wenn ihr mir doch nur sagen könntet, wo sich mein teurer Herr verborgen hält, oder sagt ihm, daß Yasodhara dem Tode nahe ist, wenn sie nicht ein Wort aus seinem Munde hört oder seine Berührung spüren darf!«

In diesem Augenblick kam eine Hofdame und sagte zu Yasodhara: »O große Prinzessin, durch das Südtor sind soeben einige Kaufleute aus Hastinapura in den Palast gekommen. Sie heißen Tripusha und Bhalluk – bedeutende Männer, die lange über das weite Meer gereist sind. Sie bringen wunderbar liebliche Gewebe, die mit Goldbildern bemalt sind, vergoldete Stahlklingen mit gewellter Schneide, Kupferschalen, Elfenbeinschnitzereien, Gewürze, Heilmittel und unbekannte Vögel, alles Schätze ferne wohnender Völker. Aber sie bringen daneben noch etwas, wogegen alle diese Dinge sehr gering erscheinen, denn sie haben ihn gesehen! Ihn, deinen Herrn, unseren Herrn, die Hoffnung des ganzen Landes, den Prinzen Siddhartha! Sie haben ihn von Angesicht zu Angesicht gesehen. Auf den Knien haben sie ihn angebetet und sich vor ihm verbeugt. Und sie haben ihm Opfer dargebracht, denn er ist geworden, was die Vorzeichen gezeigt haben: ein Lehrer unter den Weisen, ein welterhabener, heiliger, wunderbarer Mann, ein Buddha, der den Menschen und allen Geschöpfen die Erlösung bringt durch seine erhabene Rede und durch sein Mitleid, das so groß ist wie der Himmel. Sie sagen, er ist auf dem Weg hierher.«

Da begann das Blut in den Adern der schönen Yasodhara schneller zu fließen, so wie der Ganges dahinschießt, wenn im Frühling der Schnee auf den Bergen schmilzt. Sie sprang auf, klatschte in die Hände und lachte mit Tränen in den Augen, die wie Perlen auf ihren Wangen hängenblieben. »Oh, ruf sie schnell!« rief sie.

»Diese Kaufleute sollen in mein Gemach kommen, denn meine Ohren sehnen sich nach der segensreichen Neuigkeit, so wie sich eine ausgedörrte Kehle nach einem Schluck Wasser sehnt! Bring sie her und sag ihnen, wenn ihre Erzählung wahr ist, dann werde ich ihre Gürtel mit viel Gold und mit Edelsteinen füllen, um die Könige sie beneiden werden. Und kommt auch ihr, meine Mädchen, denn auch ihr sollt euren Lohn haben, wenn sich die Dankbarkeit meines Herzens überhaupt in Gaben ausdrükken läßt.«

Also betraten die Kaufleute den Palast und schritten mit bloßen Füßen zaghaft durch seine goldenen Gänge. Sie waren voll des Staunens über den glanzvollen Anblick, der sich ihnen darbot, während die Dienerinnen sie anstarrten. Als sie am Vorhang vor dem Gemach der Prinzessin ankamen, da hörten sie eine Stimme, die wie zitternde Musik klang, zart und begierig und wie unter dem Eindruck eines Zaubers. Die Stimme sprach: »Ihr kommt von weit her, schöne Herren! Ihr habt meinen Herrn gesehen und angebetet, denn er ist ein Buddha geworden, ein welterhabener Heiliger, der den Menschen Erlösung bringt, und er ist auf dem Weg hierher. Wenn es so ist, dann seid ihr Freunde meines Hauses und seid mir willkommen und teuer.«

Da antwortete Tripusha: »Wir haben den heiligen Meister gesehen, o Prinzessin, wir haben uns vor seinen Füßen verbeugt. Als Prinz ging er verloren, aber wir haben ihn wiedergefunden, als einen, der größer ist als ein König von Königen. Unter dem Bodhi-Baum am Ufer des Phalgu ist vor kurzem das geschehen, was der Welt Erlösung bringen wird, durch ihn, unser aller Freund, unser aller Prinz und dein Gemahl, o große Prinzessin! Durch deine Tränen gewinnen die Menschen den Trost der Worte, die der Meister spricht. Es geht ihm gut, so wie einem, der alles Übel bezwungen hat und wie ein Gott über alles irdische Leid erhoben ist. Golden und klar leuchtet er durch die Wahrheit, die in ihm auferstanden ist. Er geht in eine Stadt nach der anderen und predigt vom tugendhaften Leben, das den Frieden bringt, und die Herzen der Menschen folgen seinem Weg, so wie die Blätter im Wind abfallen oder wie die Schafe dem Hirten folgen, der die Weidegründe kennt. Wir selbst haben diese wunderbaren Lippen im großen Tchirnika-Hain in der Nähe von Gaya sprechen gehört und ihm unsere Ehrerbietung erwiesen. Er wird hierher kommen, bevor der erste Regen fällt.«

So sprach er, und Yasodhara war so außer sich vor Freude, daß sie kaum Atem holen konnte, um zu antworten: »Möge es euch allezeit wohl ergehen, edle Freunde, die ihr mir so gute Nachricht bringt! Aber wißt ihr, wie sich das Große zugetragen hat?«

Daraufhin erzählte ihr Bhalluk, was die Bewohner des Tales darüber wußten, über die Kämpfe jener Nacht, als die Luft dunkel war von dämonischen Schatten, die Erde erbebte und die Wasser durch den Zorn des Dämonen Mara anschwollen. Und er erzählte, wie glanzvoll jener Morgen angebrochen war, wie der Glanz jenes Morgens den Menschen neue Hoffnung gebracht hatte und wie man den Buddha jubelnd vor Freude unter seinem Baum gefunden hatte. Aber viele Tage lang, so habe er gesagt, sei dann sein Herz von einer goldenen Last bedrückt worden: Er war der Täuschung entronnen, jenseits der Reichweite aller Stürme des Zweifels in Sicherheit am Ufer der Wahrheit, wie aber sollten die Menschen, die ihre Sünden lieben und anhänglich sind an den Betrug der Sinne, die aus tausend Quellen den Irrtum trinken und die Fallstricke des Fleisches, die sie binden, weder sehen noch zerreißen können, weil zum einen ihr Geist und zum andern ihre Kraft nicht ausreicht, wie sollten diese Menschen die zwölf Nidanas, die Phasen des menschlichen Lebens, verstehen und das große Gesetz, das sie alle erlösen kann? Wie soll ihnen das zum Nutzen gereichen, wenn sie sich davor scheuen, so wie ein im Käfig gefangener Vogel oft vor dessen offener Tür zurückscheut?

So würde uns allen der segensreiche Sieg des Buddha nicht zum Vorteil gereichen, und wir wären weiterhin ausweglos in das Leben dieser Erde verstrickt, wäre der Weg, den er für uns gegangen ist, zu schwer zu gehen und daher kein Sterblicher imstande, ihm zu folgen. So dachte unser Herr voll Mitleid. Da drang eine grelltönende Stimme an sein Ohr, die klang wie ein Schmerzensschrei, als liege die Erde in Geburtswehen, die sagte: »Sicherlich bin ich verloren, samt meinen Geschöpfen.« Und dann folgte eine Pause, danach trug ihm der Westwind einen Seufzer zu, der sagte: »O Erhabener, möge das Gesetz des Dharma gehört werden!« Daraufhin überlegte der Meister, wie er diese Vision in die Tat umsetzen könnte. Wer würde sein Gesetz als erster hören können, und wer müßte warten, es zu hören? Auch wenn die Sonne einem Lotosteich ihren goldenen Glanz verleiht, kann sie sehen, welche Knospen sich zuerst ihren Strahlen öffnen werden und welche noch nicht hoch genug gewachsen sind. Dann sprach der Buddha mit einem göttlichen Lächeln: »Ja, ich werde predigen! Und wer mich hört, der wird das große Gesetz erfahren.«

Danach, so sagen die Leute, ging er durch die

Berge nach Benares, wo er fünf Männer lehrte und ihnen darlegte, wie man Geburt und Tod überwinden kann und daß es für den Menschen kein Schicksal gibt, sondern nur die Auswirkungen seiner vergangenen Taten, daß es keine Hölle gibt, außer der, die die Menschen sich selbst bereiten, und daß jeder Himmel der Freude erreichbar ist für den, der seine Leidenschaft überwindet. Das war am fünfzehnten Tag des Vaishya-Monats in der Mitte des Nachmittags, und in der Nacht darauf war Vollmond.

Von den fünf weisen Männern, die als erste die Lehre empfingen, war Kaundinya der erste, der die vier Wahrheiten annahm und den Weg der Nachfolge des Buddha betrat. Nach ihm kam Bhadraka, dann Asnajit, dann Basava und dann Mahanama. Es war ein Wildgehege, in dem diese erste Lehre des Buddha stattfand. An demselben Platz saß dann auch Prinz Yasad mit einem Gefolge aus vierundfünfzig Edelmännern zu Füßen des Buddha und hörte die gesegneten Worte des Meisters. Und alle beteten ihn an und folgten seinem Weg. Denn in allen, die ihn hörten, entstand innerer Friede, und sie verstanden, daß eine neue Zeit für die Menschen angebrochen war, so wie plötzlich Blumen und Gräser aus dem Boden hervorschießen, wenn zum erstenmal Wasser durch eine Sandwüste fließt.

Diese sechzig Männer, so sagt man, hat der
Buddha in die Welt hinausgeschickt, nachdem
sie vollkommene Selbstbeherrschung und Freiheit von allen Leidenschaften erlangt hatten,
damit auch sie den Weg lehren sollten. Der
Erhabene selbst aber wandte sich von jenem
Wildgehege nach Süden, zuerst nach Isipatan,
dann nach Yashti und in das Reich des Königs
Bimbasara, wo er viele Tage lang lehrte. Daraufhin nahmen König Bimbasara und sein Volk die
Lehre an und damit den Glauben an das Gesetz
der Liebe und des geordneten Lebens.
König Bimbasara machte dem Meister ein Geschenk, wobei er Wasser über seine Hände goß.
Er schenkte ihm den Bambusgarten, der Velu-
vana heißt, wo es Flüsse gibt und Höhlen und
viele liebliche Plätze. Der König ließ dort einen
Stein aufstellen, auf dem eingemeißelt steht:

>Was dem Leben und dessen Ursachen
zugrunde liegt,
das hat der Vollendete in Einfachheit
ausgedrückt.
Wie der Mensch das Leid überwindet,
das hat uns unser Herr verkündet.<

Und in jenem Garten, so sagt man, wurde eine
hohe Versammlung abgehalten, in der der große
Lehrer mit Macht und Weisheit gesprochen
hatte. Alle Seelen, die ihn hörten, gewann er.

Neunhundert von ihnen nahmen die gelbe Robe, so wie der Meister sie trägt, und verbreiten jetzt seine Lehre. Die letzten Worte, die der Meister sprach, waren folgende:
»Das Übel vermehrt unsere Schulden, das Gute aber macht uns von Schulden frei. Scheue das Übel, folge dem Guten, beherrsche dich! Das ist der Weg!«

Als die Kaufleute mit ihrer Erzählung geendet hatten, belohnte sie die Prinzessin mit Gaben und mit Dankesworten, die diese Gaben noch beschämten. »Welchen Weg wird mein Herr weiterziehen?« fragte sie zuletzt noch.

Darauf antworteten diese: »Sechzig Meilen sind es von der Stadtmauer bis Rajagriha, von wo ein leichter Weg am Sona-Strom und an den Bergen entlang hierher führt. Mit unseren langsamen Ochsenkarren haben wir einen Monat für die Strecke gebraucht.«

Als der König diese Botschaft vernahm, sandte er neun verschiedene Gesandtschaften berittener Edelleute dem Buddha entgegen und ließ ihm durch jede von ihnen sagen: »Der König Suddhodana ist jetzt um sieben lange Jahre, in denen er dich entbehren mußte, dem Tod näher. Er hat aber nicht aufgehört, dich zu suchen. Er läßt seinen Sohn jetzt bitten, zu ihm zu kommen, zu seinem Thron und zum Volk seines

Königreiches, das ihn sehnsüchtig erwartet. Wenn du nicht kommst, wird er sterben, und du wirst sein Gesicht nie wieder sehen.«

Und ebenso sandte Yasodhara neun Reiter aus, denen sie auftrug, dem Buddha zu sagen: »Die Prinzessin deines Palastes, Mutter deines Sohnes Rahula, sehnt sich danach, dein Gesicht zu sehen, so wie sich die schwellende Blüte der Mondblumen nach dem Anblick des Mondes sehnt und wie sich die blassen Asoka-Blüten danach sehnen, den Fuß einer Frau zu berühren. Wenn du mehr gefunden als du verloren hast, dann bittet Yasodhara um ihren Anteil daran und um den Anteil deines Sohnes Rahula. Am meisten aber sehnt sie sich nach dir selbst.«

Die Boten eilten fort, und ein jeder trug die Botschaft in seinem Munde. Es geschah aber, daß sie gerade alle in der Stunde im Bambusgarten ankamen, als Buddha dort das große Gesetz lehrte. Und sie alle hörten ihn und vergaßen sogar die traurige Prinzessin. Gebannten Auges schauten sie nur auf den Meister, und mit bezauberten Herzen lauschten sie seiner Rede, die mitleidsvoll war, befehlend, vollkommen, rein und allen einleuchtend. So kamen die Worte von seinen heiligen Lippen.

Es erging diesen Boten so, wie es Bienen ergeht, wenn sie auf dem Heimweg zu ihrem Bienenstock noch süß duftende Mogra-Blüten antreffen. Wenn sie auch noch soviel Honig schon gesammelt haben, sie werden trotzdem zu diesen köstlichen Blüten kommen und ihren Nektar trinken, ohne Unterschied, ob es Tag oder Nacht ist oder ob es regnet. So hörten die Boten die Worte des Buddha und vergaßen den Zweck ihrer Reise und schlossen sich dem Zug des Meisters an.

Da befahl der König, daß sich Udayi, der höchste Edelmann des Hofes, auf den Weg mache, der auch der treueste war. Er war in glücklichen Tagen Siddharthas Spielgefährte gewesen. Als Udayi in die Nähe des Gartens kam, in dem der Buddha lehrte, pflückte er Baumwolle von den Bäumen und verstopfte sich damit die Ohren. So war er sicher vor den Gefahren dieses Ortes und überbrachte dem Buddha die Botschaft des Königs und Yasodharas.

Da neigte der Buddha demütig seinen Kopf und sagte vor allen Leuten, die ihm zuhörten: »Ich werde auf jeden Fall kommen, das ist meine Pflicht und das ist mein Wille. Möge es niemand versäumen, denen Ehre zu erweisen, die ihm das Leben gegeben haben, denn durch das Leben kann man dahin kommen, zu leben, um nicht mehr zu sterben, in die Sicherheit des glücklichen Nirvana, wenn man das Gesetz befolgt, wenn man sich von den Folgen falscher Handlungen der Vergangenheit befreit und diesen keine neuen hinzufügt und wenn man sich vollkommen macht in der Liebe und im Dienst an seinen Mitmenschen. Sag dem König und der Prinzessin, daß ich auf dem Weg bin zu ihnen!«

Diese Botschaft überbrachte Udayi den Bewohnern der weißen Stadt Kapilavastu und der umliegenden Felder. Und Stadt und Land machten sich bereit, ihren Prinzen zu empfangen.

Am Südtor wurde ein großer Pavillon errichtet, mit blumenumkränzten Säulen und Wänden aus roter und grüner golddurchwebter Seide. Die Straßen wurden mit duftenden Neem- und Mangozweigen bestreut, und auch ganze Körbe voll Sandelholz und Jasminblüten wurden in den Staub geworfen. Alles wurde mit Flaggen geschmückt. Es wurde genau festgelegt, wie viele Elefanten mit silbernen Traggestellen und Goldspitzen auf ihren Stoßzähnen am Tag der Ankunft des Buddha vor dem Palast warten sollen, wo die Trommeln die Botschaft verbreiten würden: »Siddhartha kommt!«, und wo die Edelmänner mit ihren Fackeln stehen und ihn anbeten sollten. Auch Tanzmädchen wurden aufgeboten, die nicht nur singen und tanzen, sondern auch Blumen streuen sollten, so daß die Straße, auf der der Buddha einreiten würde knietief mit Rosen und Balsam bedeckt wäre. Die ganze Stadt sollte von Musik und Freude widerhallen. So wurde es angeordnet, und jeden Morgen warteten alle begierig darauf, den Trommelschlag zu hören, der die Ankunft des Buddha verkünden sollte.

Aber es kam anders. Yasodhara wollte die erste sein und fuhr mit ihrem Wagen hinaus zur Stadtmauer, wo der Pavillon aufgestellt war. Rundherum erstrahlte ein Garten in seiner Schönheit, der Nigrodha hieß. Bel-Bäume spendeten dort ihren Schatten und grün gefiederte Dattelbäume. Sie alle waren neu zurechtgeschnitten. Es gab gewundene Spazierwege, und überall waren Früchte und Blüten. Die Straße vom Süden her grenzte an diesen Garten. An dieser Straße standen niedrige Vorstadthäuschen, wo Menschen von niedriger Abstammung bei den Haustüren saßen, geduldige arme Leute, die einen Angehörigen der Kshatriya-Kaste der Krieger und Beamten oder gar einen Brahmanen, einen Angehörigen der Priesterkaste, nicht berühren durften, weil das eine Verunreinigung bedeutet hätte.

Auch diese Menschen waren voller Erwartung noch vor Sonnenaufgang aufgestanden und standen neugierig auf der Straße, kletterten sogar auf Bäume und waren bemüht, das ferne Trompeten eines Elefanten zu hören oder das Schlagen der Tempeltrommel. Als aber nichts dergleichen geschah, machten sie sich in einfacher

Weise daran, das Auge des Prinzen zu erfreuen. Sie kehrten ihre Hauseinfahrten, schmückten ihre Häuser mit Flaggen, fädelten Feigen und Feigenblätter auf langen Schnüren auf, schmückten Altäre, erneuerten die aus Zweigen geflochtenen Bögen, mit denen die Straße festlich geschmückt war, soweit als notwendig und fragten einen jeden, der des Weges kam, ob Siddhartha bald kommen werde.

Das alles sah die Prinzessin mit ihren lieblichen, aber müde gewordenen Augen, und auch sie hielt nach Süden in die Ebene Ausschau, auch sie war neugierig, von den Vorübergehenden zu erfahren, ob es eine Neuigkeit über Siddhartha gäbe.

Da sah sie einen Mann langsam herankommen, mit kurzgeschorenem Haar, ein gelbes Tuch über die Schulter gelegt, der aussah wie ein Einsiedler. In der Hand trug er eine irdene Schale, die wie eine ausgehöhlte Melone aussah und die er beim Tor eines jeden Hauses ein Stückweit hineinhielt. Almosen nahm er mit freundlichem Dank entgegen, und geradeso freundlich ging er weiter, wenn er nichts bekam.

Zwei andere Männer, die auch gelbe Roben trugen, folgten ihm. Aber der erste von ihnen, der die Schale trug, erschien so edel und verehrungswürdig und bewegte sich mit so viel Anmut, seine Gegenwart, die den Raum erfüllte, gebot so viel Ehrerbietung, seine Augen waren so schön und strahlten so viel Helligkeit aus, daß alle, die ihm Almosen gaben, von seinem Gesicht wie gebannt waren und sich in Anbetung vor ihm verbeugten. Einige liefen, um noch mehr Gaben zu holen, und bedauerten sehr, daß sie arm waren.

Dahinter kamen in Gruppen Kinder, Männer und Frauen, die ihm folgten und die hinter der vorgehaltenen Hand flüsternd fragten: »Wer ist er? Welcher Weise sieht so aus wie er?«

Als er aber mit einem stillen Kniefall am seidenen Tor des Pavillons angelangt war, da öffnete sich dieser, und unverschleiert stand Yasodhara vor ihm und rief: »Siddhartha, Herr!« Aus ihren großen Augen flossen Tränen, ihre Hände waren gefaltet, und schluchzend fiel sie ihm zu Füßen und blieb dort liegen.

Später, als Yasodhara längst zu denen gehörte, die den Weg des Buddha beschritten, fragte einer den Meister, warum er ihre Umarmung geduldet hätte, wo er doch gelobt hatte, allen irdischen Leidenschaften zu entsagen, selbst den zarten, verführerischen Berührungen durch die Hand einer Frau.

Darauf sagte der Meister: »Die größte Liebe kann die geringere ertragen, damit sich diese leichter zur Höhe aufschwingt. Hütet euch

aber, daß keiner, der den Banden der Täuschung
entkommen ist, gebundene Seelen dadurch
quält, daß er sich seiner Freiheit rühmt. Frei
seid ihr nur dazu, daß ihr euch mit Geduld und
süßer Weisheit um die Freiheit anderer bemüht. Bodhisatvas, voll erleuchtete Wesen,
werden nur solche, die durch drei Phasen der
Bemühungen hindurchgehen und dieser düsteren Welt Führung und Hilfe bringen, die zur Erlösung führt. Die erste Phase heißt der Entschluß, die zweite heißt die Bemühung und die
dritte die Auserwählung.
Einst lebte auch ich in der Phase des Entschlus-
ses. Ich sehnte mich nach dem Guten, ich suchte nach der Weisheit, aber meine Augen waren
verschlossen. Zählt die grauen Körner in der
Streubüchse, so viele Jahre ist es her, seit ich
der Kaufmann Rama war, der an der Küste
wohnte und im südlich gelegenen Lanka nach
Perlen suchte. – Damals lebte Yasodhara im sel-
ben Dorf wie ich. Sie war von so zarter Gestalt
wie jetzt, ihr Name war Lakshmi. Und ich erinnere mich an die Reisen, die ich damals unter-
nommen habe, um mir ein Vermögen zu verdie-
nen, denn ich war arm. Dennoch bat sie mich
mit sehnsüchtigen Tränen, daß ich nicht abrei-
sen sollte, um mich den Gefahren von Land und
Wasser auszusetzen. ›Wie kann die Liebe das
zurücklassen, was sie liebt?‹ klagte sie.

Ich aber fuhr dennoch. Ich fuhr auf die Meerenge hinaus, und nach einem tödlichen Kampf mit den Meerestieren und nach vielen Entbehrungen fand ich nach langer Suche eine Perle, die leuchtete und glänzte und sah aus wie der Mond. Ein König hätte all seine Schätze für sie hergegeben.

Fröhlich näherte ich mich meinem Heimatdorf. Aber dort war eine fürchterliche Hungersnot ausgebrochen. Schlecht erging es mir auf meinem Heimweg, und kaum konnte ich meine Haustür erreichen, soviel Hunger hatte ich zu erleiden. Aber ich hatte den weißen Reichtum des Meeres in meinen Gürtel gebunden.

Aber auch zu Hause fand ich keine Nahrung, und an der Schwelle war sie, für die ich mich bemüht hatte, mehr als für mich selbst. Ihre Lippen konnten nicht mehr sprechen. Sie war nahe dem Tod, vor dem nur einige Getreidekörner sie bewahren konnten.

Da rief ich aus: ›Ich habe eine wahrhaft königliche Gabe für den, der noch etwas Getreide hat. Gebt Lakshmi Brot, und nehmt meine Perle, die wie das Mondlicht ist!‹

Daraufhin brachte einer den Rest seines Vorrates – es waren drei Scheffel Hirse – und nahm die schöne Perle dafür. Lakshmi aber blieb am Leben und seufzte mir mit neu entstandener Kraft zu: ›Du liebst mich wahrhaft!‹

In jenem Leben habe ich meine Perle dafür gegeben, meinem Herzen und meinen Gedanken Trost zu bringen, obwohl ich sonst des Trostes entbehrte. Aber die Perlen, die ich mir in diesem Leben erworben habe, sind rein, sie kommen aus einem tieferen Meer: Es sind die zwölf Nidanas, die Gesetze des Guten. Man kann sie nicht ausgeben und nicht trübe machen, ihre vollkommene Schönheit erfüllt sich am meisten dadurch, daß man sie freimütig weitergibt. Denn so, wie sich jener Hügel, den die Ameisen dort aufgehäuft haben, zum Weltberg Meru verhält oder ein Tautropfen, der die Fußspur eines Rehs benetzt, zum großen uferlosen Meer, so verhält sich die Perle, die ich damals gab, gegen das, was ich jetzt zu geben habe.

So war auch die Liebe, die ich Yasodhara gab, grenzenlos groß und frei vom Beiwerk der Sinne. Sie war nur ein Heruntergreifen des stärkeren Herzens nach dem schwächeren, wodurch die schöne Yasodhara von freundlicher Hand geführt dazu kam, ihre Füße auf den Weg des Friedens und der Glückseligkeit zu setzen.«

Als aber der König hörte, wie Siddhartha in die Stadt gekommen war, mit geschorenem Haar, bekleidet mit dem ärmlich gefärbten Tuch eines Bettelmönchs, um von Angehörigen niedriger Kasten Almosen zu erbetteln, da verdrängten Zorn und Leid die Liebe aus seinem Herzen. Dreimal spuckte er auf den Boden, raufte seinen Silberbart und rannte dann hinaus, gefolgt von einigen zitternden Edelleuten. Mit düsterer Miene bestieg er sein Pferd, gab ihm die Sporen und galoppierte ärgerlich durch die Straßen, wo sich das Volk über ihn wunderte und kaum Zeit fand, zu rufen: »Der König, verneigt euch!«, ehe die wilde Jagd von König und Gefolge vorüber war.

Als der König um die Ecke des Tempels bog, von wo aus man das Südtor der Stadt sehen konnte, sah er plötzlich eine riesige Menschenmenge. Und immer noch mehr Menschen kamen, bis alle Straßen von der drängenden Schar verstopft waren. Alle kamen sie, weil der Buddha da war, dessen Blick jetzt dem des alten Königs in heiterer Ruhe begegnete.

Als der König die freundlichen Augen des Buddha anbetungsvoll auf seine verstörte Miene gerichtet sah, da wich sein Zorn. In stolzer Demut stieg er vom Pferd und warf sich vor dem Buddha zu Boden, so sehr freute es ihn, den Prinzen zu sehen, zu wissen, daß er wohlauf war, und zu sehen, wie jener Glanz ihn krönte, der größer war als der einer irdischen Herrschaft, der allen Menschen mit Ehrfurcht und Ruhe erfüllte und Sie dazu brachte, ihm auf seinem Weg zu folgen.

Dennoch polterte der König los: »Ist das das Ende, daß sich der große Siddhartha in sein Königreich stiehlt, in Lumpen gehüllt, mit Sandalen an den Füßen, und niedrig geborene Menschen anbettelt, wo doch sein Leben war wie das eines Gottes? Mein Sohn, Erbe dieses großen Reiches und Erbe von Königen, die nur in die Hände klatschen mußten, um alles zu bekommen, was die Erde geben und eifrige Dienstfertigkeit gewähren kann? Du hättest so kommen müssen, wie es deinem Rang entspricht, mit leuchtenden Speeren, berittenen Männern und Fußvolk. Sieh, all meine Soldaten haben auf der Straße geschlafen, und die ganze Stadt wartete am Tor. Wo bist du in diesen schlimmen Jahren gewesen, wo dein königlicher Vater um dich getrauert hat? Und auch sie, deine Frau, hat nach der Art der Witwen gelebt, ohne alle Vergnügungen. Niemals hörte sie Saitenspiel oder Gesang, niemals trug sie ein Festkleid. Erst jetzt heißt sie dich willkommen in einem goldenen Kleid. Aber sie ist die Frau eines Bettlers, der in gelbe Lumpen gekleidet ist. Mein Sohn, warum tust du das?«

»Mein Vater«, kam die Antwort, »das ist die Gewohnheit derer, von denen ich abstamme.«

»Die, von denen du abstammst«, antwortete der König, »hatten seit der Zeit des Mahasam-

mat hundertmal den Thron inne, aber keiner
tat das, was du tust.«

»Ich meine nicht die Abstammung in der Linie
der Sterblichen«, sagte der Meister, »ich spre-
che von einer unsichtbaren Abstammung,
nämlich von den Buddhas, die gelebt haben und
die noch leben werden. Zu ihnen gehöre ich,
und ich tue, was sie tun. Was heute geschieht,
ist auch schon früher einmal geschehen. Einst
stand ein König in kriegerischer Aufmachung
am Tor seiner Stadt, um dort mit seinem Sohn
zusammenzutreffen, und der Prinz kam im Ge-
wande des Einsiedlers. Dieser Prinz war durch
seine Liebe und Selbstbeherrschung bedeuten-
der als die mächtigsten Könige in all ihrer
Macht. Denn wer dazu ausersehen ist, den Welten zu helfen, der sollte sich, wie ich es jetzt
tue, mit aller demütigen Liebe verneigen und
zur Abstattung seiner Schuld ein Geschenk
darbringen, nämlich die ersten Früchte des
Schatzes, den er geborgen hat, so wie ich es jetzt
tue.«

»Welchen Schatz?« fragte der König erstaunt.
Da nahm der Meister demütig die königliche
Hand in die seine, und während sie durch die
Straßen schritten, die mit Scharen von Anbetern erfüllt waren, ging der König zur einen Seite von ihm und die Prinzessin auf der anderen,
und er lehrte sie, was den Frieden bringt und die

Reinheit. Er lehrte sie jene vier edlen Wahrheiten, die wie Küsten das Meer der Weisheit umschließen, und jene acht Regeln des rechten Handelns, nach denen sich jeder richten kann, der mag, sei er König oder Sklave, und den Weg zur Vollkommenheit mit seinen vier Abschnitten und seinen acht Geboten, dem ein jeder folgen kann, der mag, sei er mächtig oder unbedeutend, weise oder ungelernt, Mann oder Frau, jung oder alt, den Weg, der einen jeden früher oder später dahin bringt, daß er vom Rad des Lebens frei wird und den gesegneten Zustand des Nirvana erreicht.

So kamen sie in den Hof des Palastes. König Suddhodana, dessen Stirn jetzt nicht mehr in Falten lag, nahm die machtvollen Worte auf, als würde er sie trinken, und trug mit eigener Hand die Bettelschale des Buddha, während die lieblichen Augen der schönen Yasodhara von einem neuen Licht erleuchtet waren. Sie weinte nicht mehr. An diesem Abend betraten sie beide den Weg des Friedens.

ACHTES BUCH

Die Nacht des Erhabenen

Ein großes Wiesenland breitete sich am Ufer des schnell dahinfließenden Kohana-Flusses in der Nähe von Nagara aus. Im Ochsenkarren muß man von den Tempeln von Benares fünf Tage lang nach Osten und Norden reisen, um hierher zu gelangen. Die weißen Gipfel des Himalaya sind von hier aus zu sehen, das ganze Jahr über gibt es hier Blumen, und ringsherum sind Wälder, die dem Wasser des Flusses ihr Grün verdanken. Sanfte Abhänge gibt es hier und duftige, schattige Plätze.

Bis heute erfüllt ein Geist von Heiligkeit diesen Ort. Die Abendluft weht durch das Dickicht, und man sieht Haufen roter Steine überall liegen, die einst wohl gemeißelt waren, doch jetzt zerspalten sind von den Wurzeln der wilden Feigenbäume und vom Gras und Laub wie von einem grünen Schleier überdeckt. Lautlos glitzern die Körper von Schlangen aus dem Trümmerwerk von Steinen und Zedernholzbalken hervor, die sich dort in tiefen Löchern verbergen. Die Eidechse läuft über bemalte Fußböden, über die einst Könige geschritten sind. Die graue Füchsin gebiert furchtlos ihre Jungen unter den zerbrochenen Thronen. Nur die Bergspitzen, der Fluß, die Wiesenhänge und der sanfte Lufthauch sind heute gleich wie damals. Alles andere ist dahingegangen, so wie es mit allem geschieht, was im Leben schön erscheint. Denn hier stand einst die Stadt von König Suddhodana. Auf diesem Hügel saß einst, als der Himmel bei sinkender Sonne blau und golden gefärbt war, der Buddha und lehrte das große Gesetz, während die Seinen ihm zuhörten.

In den heiligen Büchern könnt ihr es nachlesen, wie man sich an diesem wunderbaren Orte traf. Ein Garten war dort in jenen alten Tagen, mit Terrassenwegen, Brunnen und Teichen, rosengesäumten Terrassen, umgeben von schönen Pavillons und den stattlichen Palastmauern. Der Meister saß auf einer erhöhten Stelle und wurde angebetet. Ernst hingen die Augen der Menge an seinen Lippen. Man wollte jene Weisheit von ihm lernen, die Asien milde gemacht hat, jene Weisheit, der heute Hunderte Millionen von Menschen anhängen.

Er saß zur Rechten des Königs, und um sie waren die Herren des Sakya-Reiches versammelt, Ananda, Devadatta und der ganze Hofstaat. Hinter ihm standen Seriyut und Mugallan, die Häupter jener stillen Brüder in den gelben Gewändern, die eine wahrhaft göttliche Gesellschaft waren. Zwischen den Knien des Erhabenen war Rahula und lächelte wundersam, während seine kindlichen Augen auf das erhabene

Antlitz gerichtet waren, und zu seinen Füßen saß die schöne Yasodhara. Ihr Herzeleid war vergangen, und sie war auf dem Weg zu jener edlen Liebe, die sich nicht von den flüchtigen Sinnen nährt, zu jenem Leben, das kein Altern kennt, und zu dem Tod, der seinen und ihren Sieg segnen würde, weil der Tod für sie schon gestorben war. Sie hatte ihre Hand auf seine Hände gelegt und seine gelbe Robe über ihr Schultertuch, von aller Welt war sie ihm am nächsten, ihm, auf dessen Worte die drei Welten gewartet hatten.

Die Lehren des Buddha

Ich kann nicht einmal einen kleinen Teil der strahlenden Schätze wiedergeben, die von den Lippen des Buddha kamen. Ich bin nur ein Schreiber aus viel späterer Zeit, der den Meister liebt und seine Liebe zu den Menschen. Ich erzähle seine Legende, und ich weiß, daß er weise war, aber ich kann nicht mehr sagen, als heute noch in den Büchern steht. Die Zeit aber hat den uralten Sinn dieser Bücher längst verwischt, der einst neu und mächtig war und alle bewegt hat. Ich kenne nur einen kleinen Teil der großen Rede, die der Buddha einst hielt an diesem lauen indischen Abend. Und es steht geschrieben, daß seiner Zuhörer Hunderttausende mehr waren als die, die man sah. Denn alle die Devas und die Geister der Verstorbenen drängten sich dort, bis der Himmel zur siebten Sphäre hin entvölkert war, und auch die tiefsten Höllen öffneten ihre Tore.

Das Tageslicht währte länger, als es der Tageszeit entsprochen hätte. Die fernen Berggipfel leuchteten wie Rosenblätter, so daß es aussah, als lauschte die Nacht in den Tiefen und der Tag auf den Höhen der Berge. Ja, man schreibt sogar, daß zwischen beiden wie eine himmlische Frau der Abend stand, versunken und von Liebe erschüttert, die leicht gekräuselten Wolken waren ihr Haar, die glitzernden Sterne die Perlen und Diamanten in ihrem Diadem, der Mond war der Edelstein auf ihrer Stirn und immer tiefer werdende Dunkelheit das Gewebe ihres Gewandes.

Jeder in der Menge hielt den Atem an und seufzte dann wieder, als der Buddha sprach, und viele hörten ihm zu. Auch Fremde und Sklaven, Angehörige von hohen und von niederen Kasten, Menschen vom Stamm der Aryer, der Mlech und der Dschungelbewohner. Jeder schien die Sprache des Buddha zu verstehen. Am Flusse hatten sich sogar, so steht es geschrieben, die Vögel und die anderen Tiere versammelt, um das Versprechen entgegenzunehmen, das seine mitleidsvolle Rede gab. Sie alle, die sie gefangen waren in der Gestalt von Affen, Tigern, Rehen, scheckigen Bären, Schakalen, Wölfen, Adlern, die ihre Jungen zu füttern hatten, perlenfarbigen Tauben, bunten Pfauen mit ihren bunten Federn, Kröten, gesprenkelten Schlangen, Eidechsen, Fledermäusen und sogar der Fische, die durch die Wellen des Flusses schwammen: sie alle unterwarfen sich sanftmütig der Brüderlichkeit mit dem Menschen, der doch weniger unschuldig ist als sie. In stummer Freude wußten sie, daß ihre Bande zerbrochen waren, als der Buddha vor dem König die folgenden Worte sprach:

»Om Amitaya, Unermeßlichkeit! Miß das Unermeßliche nicht mit Worten, laß die Kette deiner Gedanken nicht ins unergründlich Tiefe sinken. Wer fragt, der unterliegt dem Irrtum, und wer antwortet, unterliegt auch dem Irrtum. Sag nichts!

Die Bücher lehren, daß am Anfang nur Dunkelheit war, und Brahman meditierte allein in dieser Nacht. Halte nicht Ausschau nach Brahman und nach jenem Anfang, denn weder Ihn noch das wahre Licht kann ein Betrachter mit seinen sterblichen Augen sehen oder ein sterblicher Forschergeist erkunden. Schleier um Schleier lüftet sich vor dem, der sucht, aber Schleier um Schleier sind noch darunter.

Sternschnuppen fallen, aber sie fragen nicht. Es

ist genug zu wissen, daß Leben und Tod, Freude und Leid existieren; die Ursachen und die Wirkungen, der Ablauf der Zeit und die unaufhörliche Gezeitentätigkeit allen Lebens, all das ändert sich ständig und bewegt sich fort, so wie sich die Wellen an einem Fluß aneinanderreihen – manchmal gehen sie schnell und manchmal langsam – immer dasselbe Wasser und doch nicht dasselbe, so eilt die Flut von der fernen Quelle dem Meer zu. Aus dem Meer verdampft das Wasser wieder der Sonne entgegen, und die verschwundenen Wellen bilden das wellige Vlies der Wolken, sie regnen wieder herunter, fließen die Berge hinab und machen wieder ihren Weg; es gibt für sie keine Ruhe und keinen Frieden.

Es ist genug zu wissen, daß die Bereiche des Geistes existieren, die Himmel, die Erde, die Welten und die Veränderungen, die diese verändern, ein mächtiges, sich drehendes Rad der Bemühungen und der Anstrengung, das keiner verlangsamen oder zum Stehen bringen kann. Bete nicht! Die Dunkelheit wird nicht heller werden! Erbitte nichts von der Stille, denn die Stille kann nicht sprechen! Quäle nicht deinen trauernden Geist mit Schmerzen, die du dir aus Frömmigkeit auferlegst!

O Brüder und Schwestern, erbittet nichts von hilflosen Göttern durch Gaben und heilige Gesänge und versucht nicht, sie mit Blut, Früchten oder Kuchen zu bestechen! In euch selbst müßt ihr die Befreiung suchen. Jeder Mensch macht sich sein eigenes Gefängnis.

Jeder Mensch ist ein Herrscher, so wie es die größten Herrscher sind, ein Herrscher mit Kräften oben, unten und rundherum. Denn bei allem Fleisch, das lebt, bestimmen die Handlungen über Freude und Leid.

Was gewesen ist, erzeugt das, was sein wird und was gegenwärtig ist. Das Geringere erzeugt das Bessere, das Letzte erzeugt das Erste und das Erste das Letzte. Die Engel des Himmels der Freude ernten die Früchte ihrer heiligen Vergangenheit, die Teufel in den Unterwelten leiden an ihren üblen Taten, die sie in der Vergangenheit gesetzt haben; aber nichts ist bleibend: schöne Tugenden verschwinden mit der Zeit, und üble Stunden werden getilgt.

Wer als Sklave gearbeitet hat, kann als Prinz wiedergeboren werden, denn er hat sich Verdienste und eine sanfte Würde erworben. Wer als König geherrscht hat, kann dahin kommen, daß er in Lumpen wandelt, wegen seiner Handlungen und Unterlassungen.

Noch wunderbarer als das Schicksal des Götterkönigs Indra kann das deine sein. Doch kannst du auch tiefer sinken als der Wurm oder die Mücke. Am Ende von Myriaden von Leben könnt ihr sowohl das eine sein als auch das andere.

Das unsichtbare Rad dreht sich immer weiter, es hält nicht an, es kennt keinen Frieden und keinen Stillstand. Wer sich erhebt, der kann wieder fallen, wer fällt, wird sich wieder erheben. Die Speichen gehen unaufhörlich im Kreis. Wenn ihr an das Rad der Veränderung gebunden seid und die Ketten, die euch binden, nicht zerbrechen könnt, dann ist das Herz des grenzenlosen Wesens ein Fluch, und die Seele der Dinge verfällt dem Schmerz.

Aber ihr seid nicht gebunden! Die Seele der Dinge ist süß, das Herz des Lebens ist die himmlische Rast, denn der Wille ist stärker als das Leiden; was gut war, geht über zum Besseren und schließlich zum Besten.

Auch ich, der Buddha, habe mit den Tränen all meine Brüder beweint, mein Herz war gebrochen duch das Leid der ganzen Welt. Doch jetzt lache ich und bin glücklich, denn die Freiheit existiert!

Wisset das, ihr, die ihr leidet! Wisset, daß euer Leiden durch euch selbst verursacht ist! Kein anderer zwingt euch dazu, keiner hält euch fest beim Leben und Sterben, wie ihr im Kreise gewirbelt werdet durch dieses Rad und dabei noch in eurer Agonie die Speichen dieses Rades umarmt und küßt.

Die Lauffläche des Rades besteht aus Tränen,
seine Nabe ist das Nichts. Seht, ich zeige euch
die Wahrheit: Tiefer als die Hölle, höher als der
Himmel, weiter reichend als bis zu den weitest-
entfernten Sternen, weiter reichend als selbst
Brahman, schon vor dem Anfang existierend
und ohne Ende, so ewig wie der Raum und so
sicher wie die Sicherheit selbst, gibt es eine un-
veränderliche, göttliche Macht, die alles auf das
Gute zubewegt. Das einzig Dauerhafte sind die
Gesetze dieser Macht.
Die Blüte der Rose widerspiegelt jene Macht,
deren formende Hand auch die Blätter der Lo-
tosblüte erschaffen hat. Im dunklen Boden und
in der Stille der keimenden Samen webt diese
Macht das Kleid des Frühlings.
Sie malt auf den glänzenden Wolken und färbt
die Schwanzfedern des Pfauenvogels smaragd-
grün. In den Sternen ruht sie sich aus. Ihre Diener sind der Blitz, der Wind und der Regen. Aus
der Dunkelheit hat diese Macht die Herzen der
Menschen erschaffen und aus totem Gestein
das bunte Nackengefieder des Fasans. Ständig
ist sie an der Arbeit und macht alles wieder
lieblich, was einst Haß und Verderben war.
Die grauen Eier im Nest des goldenen Bienenfressers sind ihre Schätze, die sechseckigen Bie-
nenwaben sind ihr Honigtopf, durch sie kennt
jede Ameise ihren Weg ebenso wie die weiße

Taube. Diese Macht ist es, die die Flügel des Adlers zum Flug ausbreitet, wenn dieser mit seiner Beute heimfliegt, sie treibt die Wölfin zu ihren Jungen, und auch für ungeliebte Wesen findet sie Nahrung und Freude.

Was sie auch tut, sie wird davon nicht schwächer, und nichts kann sie anhalten. Aber alles bemüht sich um sie. Sie bringt die süße weiße Milch in die Brust der Mutter, aber sie macht auch die weißen Tropfen des Schlangengiftes.

Im unermeßlichen Himmelszelt hält sie alle Himmelskörper harmonisch auf ihren Kreisbahnen. In den tiefen Abgründen der Erde verbirgt sie Gold, Sardonyxe, Saphire und Lapislazuli. Ständig ist sie an der Arbeit, neue geheimnisvolle Dinge zu tun. Auf der grünen Waldwiese bringt sie zu den Füßen der Zedern seltsame Pflanzen hervor und bestimmt die Gestalt ihrer Blätter, ihrer Blüten und ihrer Halme.

Sie erschlägt und sie rettet. Nichts kann sie bewegen, ausgenommen Überwindung der Verdammnis. Die Fäden, die sie zieht, sind Liebe und Leben, Tod und Schmerz aber sind die Weberschiffchen auf ihrem Webstuhl.

Sie erschafft und sie zerstört wieder. Sie macht alles besser. Alles, was sie macht, ist besser als das, was vorher gemacht wurde, langsam wächst das strahlende Gebäude heran, das sie geplant hat, und überall sind ihre verständigen Hände an der Arbeit.

Das sind die Auswirkungen jener Macht auf die sichtbaren Dinge, aber noch größere Dinge tut sie an dem Unsichtbaren, am Herzen und am Geist der Menschen, an den Gedanken der Völker, ihren Gewohnheiten und ihren Vorhaben. Auch diese Dinge sind an das große Gesetz gebunden.

Unsichtbar ist diese Macht mit getreulicher Hand hilfreich an der Arbeit. Man hört sie nicht, obwohl ihre Stimme lauter erklingt als der Sturm. Mitleid und Liebe sind dem Menschen nur deshalb eigen, weil diese Macht in langer Bemühung die blinde Masse dahin geformt hat.

Niemand wird sie je verachten. Wer sich ihr entgegenstellt, der verliert, wer ihr dient, der gewinnt; die verborgene gute Tat vergilt sie mit Frieden und Glückseligkeit, das verborgene Übel vergilt sie mit Schmerz. Sie sieht alles und weiß alles. Handle gerecht, und es wird dir vergolten werden, sowie du aber eine üble Handlung setzt, wird dir Gleiches mit Gleichem vergolten, obwohl das Dharma oft lange zögert.

Diese Macht kennt keinen Haß, aber auch keine Vergebung. Sie mißt mit dem genauesten Maß; ihre Waage ist fehlerlos. Zeit spielt dabei keine Rolle; oft richtet sie erst morgen oder erst nach vielen Tagen.

Durch die Gerechtigkeit jener Macht durchbohrt das Messer des Mörders diesen selbst, der ungerechte Richter verliert seinen Verteidiger, die falsche Zunge straft sich selbst Lüge. Dem schleichenden Dieb und dem Übeltäter bringt diese Macht Diebstahl und Raub.

Dies ist das große Gesetz, das alles zur Gerechtigkeit hin bewegt, dem keiner entkommen und dessen Wirksamkeit keiner aufheben kann. Sein Herz ist Liebe, sein Ziel ist Frieden und süßes Vergeben. Gehorche ihm!

Die Bücher sprechen wahr, meine Brüder! Das Leben eines jeden Menschen ist, was seine früheren Leben daraus machen. Vergangene falsche Handlungen bringen Leid, vergangenes richtiges Handeln bringt Freude.

Was ihr sät, das werdet ihr ernten. Seht jene Felder! Es wachsen Sesamkörner, wo Sesamkörner gesät wurden, und es wächst Mais, wo Mais gesät wurde.

Die Stille und die Dunkelheit wissen es. Es entsteht das Schicksal der Menschen. Jeder erntet, was er gesät hat, Sesamkörner, Mais und alles, was er in vergangenen Leben getan hat. Und man erntet auch Unkräuter und giftige Gewächse, die den Menschen zerstören und Leid über die Erde bringen.

Wenn der Mensch den Boden richtig bestellt, die Unkräuter mitsamt den Wurzeln ausreißt und gesunde Saatpflanzen in den fruchtbaren Boden pflanzt, dann wird das Land fruchtbar, schön und rein, und es wird eine reiche Ernte kommen.

Wenn der Mensch erkennt, woher das Leid kommt, und es geduldig erträgt, wenn er sein Äußerstes versucht, die Schuld alten Übels, das er getan hat, zurückzuzahlen, wenn er sich immer an Liebe und Wahrheit hält, wenn er niemanden in die Not stürzt, wenn er sein Blut von der Lüge und der Fleischeslust reinigt, wenn er alles demütig erträgt und auch Beleidigungen nur mit Freundlichkeit und guten Taten erwidert, wenn er Tag für Tag mit allen freundlich ist, heilig, gerecht, gnädig und wahr, wenn er alle Wünsche dort, wo sie sich in ihm einnisten, samt ihren blutenden Wurzeln ausreißt, so lange bis er alle Anhänglichkeiten an das Leben abgelegt hat, dann blickt er bei seinem Tod auf ein Leben zurück, in dem es keine Schulden mehr gibt, wo alles Übel erloschen und erledigt ist und wo das Gute schnell und mächtig ist, in der Ferne und in der Nähe, so daß es Früchte bringt.

Ein solcher Mensch hat es nicht mehr notwendig, das durchzumachen, was ihr Leben nennt. Was in ihm am Anfang seiner Existenz begonnen hat, ist zu Ende. Er hat den Zweck jener Bestrebung erfüllt, die ihn zum Menschen gemacht hat.

Niemals werden einen solchen Menschen noch Wünsche quälen oder Sünden beflecken können. Irdische Freude und irdisches Leid berühren ihn nicht mehr, sie können die Sicherheit seines ewigen Friedens nicht mehr erschüttern. Er muß nicht mehr durch Tod und Wiedergeburt hindurchgehen. Er geht ins Nirvana ein. Er ist eins mit allem Leben, und doch lebt er nicht. Er ist gesegnet, seine individuelle Existenz hat aufgehört.

Om mani padme hum – der Wassertropfen ist eingegangen in das leuchtende Meer.

Und dies ist die Lehre des Karma, hört sie! Erst wenn alle Sündenlast gesühnt ist, erst wenn das Leben beim Sterben wie eine weiße Flamme ist, dann stirbt der Tod, zusammen mit dem Leben.

Sagt nicht: ›Ich bin‹, ›ich war‹, oder ›ich werde sein‹. Seht euch nicht als einen Wanderer, der von Leben zu Leben geht, von einem Körper zum anderen, der sich der Vergangenheit erinnert und sie wieder vergißt und der manchmal eine gute und manchmal eine schlechte Herberge findet.

Immer wieder von neuem prägt sich die Summe der vergangenen Leben dem jetzigen Leben

des Menschen auf. So macht dieser seine eigene
Wohnstatt so, wie die Seidenraupe den Kokon
spinnt, in dem sie wohnt. Diese Kraft wirkt
sich aus und nimmt Formen an, so wie die neu
aus dem Ei geschlüpfte Schlange schon Schuppen und Giftzähne hat oder wie die gefiederten
Samen der Sumpfgräser über Steine, Lehm- und
Sandböden fliegen, bis sie wieder auf Sumpfbo-
den treffen und dort keimen.
Es wirkt sich aus, wenn man hilfreich ist und
wenn man andere verletzt. Wenn der Tod, jener
grausame Mörder zuschlägt, dann bleibt das zurück, was noch unrein war, und irrt durch die
Gegend, wie von Plage und Gift getrieben. Aber
wenn ein milder und gerechter Mensch stirbt,
dann weht ein süßer Duft, und die Welt wird
reicher, als würde ein Wüstenfluß versickern,
um anderswo reiner und leuchtender an die
Oberfläche zu kommen.
Die im Leben erworbenen Verdienste würden
ein glücklicheres Leben ermöglichen, aber
durch die Schuld, die man auf sich lädt, kommt
es nicht dazu. Und doch muß dieses Gesetz der
Liebe als höchstes über alle Menschen regieren,
bevor die Zeitalter enden können.
Was ist Übel, Brüder? Die Dunkelheit ist das
Übel, aus ihr kommt die Unwissenheit, durch
die ihr das Schauspiel des Lebens für Wirklich-
keit haltet und die euch den Durst gibt, jene

Lust zu besitzen und an ihr festzuhalten, die euer Leid erzeugt.

Ihr, die ihr auf der Straße der Mitte wandelt, euch zeigt die leichte Vernunft den Weg, und die zarte Stille macht ihn euch leichter; ihr, die ihr den hohen Weg zum Nirvana eingeschlagen habt, merkt euch die folgenden vier großen Wahrheiten:

Die erste Wahrheit ist die des Leides.

Laßt euch nicht täuschen! Das Leben, das ihr preist, ist ein langer Todeskampf. Nur seine Schmerzen sind von Dauer, seine Freuden sind wie Vögel, die kommen und wieder wegfliegen. Ihr erleidet das Weh der Geburt, das Weh hilfloser Tage, die Leiden der Jugend und der ersten Manneszeit, die Leiden der kalten Jahre, des grauen Alters und den euch erstickenden Tod. Diese Leiden erfüllen eure beklagenswerte Lebenszeit.

Schön ist die erfüllte Liebe, und doch müssen die Flammen des Scheiterhaufens jene Brust verzehren, auf der ihr liegt, und jene Lippen, die sich an eure heften. Gewaltig ist die kriegerische Macht, aber schließlich werden auch die Glieder der Feldherren und der Könige von den Geiern gefressen. Voller Schönheit ist die Erde, aber in ihren Wäldern herrscht gegenseitiges Schlachten, das aus Lebenshunger betrieben wird. Saphirblau ist der Himmel, aber wenn die

234

Menschen vor Hunger schreien, kommt nichts daraus hervor.

Fragt die Kranken, die Trauernden und die Alten, die einsam und verlassen auf einen Stock gestützt einhertrippeln, fragt sie: ›Liebst du das Leben?‹ Sie werden dir sagen, daß die Kinder weiser sind, die weinen, nachdem sie geboren wurden.

Die zweite Wahrheit ist die Ursache des Leidens.

Welches Leid entspringt aus sich selbst und nicht aus einem Wunsch? Die Sinne kommen mit den Gegenständen, die wir wahrnehmen, in Berührung und entzünden schnell den Funken der Leidenschaft. So entflammt Trishna, die Lust an den Dingen und der Durst nach ihnen. Begierig klammert ihr euch an Schatten und begeistert euch für Träume. Mittendarein stellt ihr das, was ihr fälschlich für euer Selbst haltet, und erschafft so eine Welt, die jene Tiefen ausklammert, die jenseits davon liegen. Taub seid ihr für jenen süßen Klang des Äthers, der von weiter her kommt als von Indras Himmel. Tabu seid ihr auch für den Ruf zum wahren Leben, den der nicht hört, der sich mit dem Scheinbaren zufrieden gibt.

So wachsen Ehrgeiz und Lust, die den Kriegszustand auf der Erde erzeugen. So trauern arme betrogene Herzen und vergießen salzige Tränen.

So wachsen Leidenschaft, Neid, Ärger und Haß. So jagt ein Jahr das andere, blutbefleckt und mit wilden, blutroten Füßen. Wo Getreide wachsen sollte, dort breitet sich das Biran-Unkraut mit seinen üblen Wurzeln und seinen giftigen Blüten aus. Gute Samen finden kaum ein Fleckchen Erde, wo sie wachsen können.

Trunken vom giftigen Trank der Unwissenheit verläßt die Seele im Tod den Körper, aber groß ist ihr Durst, noch mehr von der irdischen Erfahrung zu trinken, und so kehrt sie unter der Last ihrer Taten zurück. Und wieder ertrinkt sie in den Sinnen und verfällt von neuem der Täuschung.

Die dritte Wahrheit ist die vom Ende der Sorge.

Die Sorge endet, wo der Friede beginnt, und dieser beginnt bei der Überwindung des eigenen Selbst und der Lust am irdischen Leben. Der Friede entsteht, wenn man sich die tief wurzelnde Leidenschaft aus der Brust reißt und das innere Streben zur Ruhe bringt, wenn man die Liebe sucht in der Nähe der ewigen Schönheit, wenn man den Ruhm sucht, indem man Herr seiner selbst wird, indem man sein Vergnügen darin sucht, tugendvoller zu leben als die Götter, und seinen Reichtum in den ewigen Schätzen des vollkommenen Dienens, der Pflichterfüllung aus Menschlichkeit, der freundlichen

Rede und des untadelhaften Wandels. Diese
Schätze sind nicht nur im Leben unvergäng-
lich, auch kein Tod kann sie einem nehmen.
Wer das erreicht hat, für den endet alles Leid,
denn Leben und Tod haben für ihn aufgehört.
Wie kann eine Lampe noch flackern, wenn ihr
Öl verbrannt ist? Die alte Schuld ist getilgt, und
es ist keine neue entstanden. So erlangt der
Mensch seine Zufriedenheit.
Die vierte Wahrheit ist die des Weges:
Der Weg zu diesem Ziel steht allen weit offen,
die ihn gehen wollen, er ist kurz und leicht zu
gehen. Er ist der edle achtfache Pfad. Er führt
geradewegs zum Frieden und zur wahren Zuflucht.
Hört also! Viele Wege führen zu jenem Gipfel,
dessen schneebedeckte Gestalt in Wolken gehüllt ist. Es gibt steile, aber auch weniger steile
Wege, über die der Wanderer die Grenze zu jener
anderen Welt erreichen kann. Starke Glieder
können sich auf einen unwegsamen Pfad wagen, der steil und gefährlich den Berghang nach
oben strebt. Wer schwächer ist, muß in Serpen-
tinen von einem Felsvorsprung zum andern
weitergehen und oft Rast machen.
Ebenso ist das mit dem achtfachen Pfad, der
zum Frieden führt. Er kann steiler sein oder weniger steil. Die fest entschlossenen Seelen gehen den schnellen Weg, die schwächlichen, un-

entschlossenen aber zögern, trotzdem werden sie alle den sonnenerleuchteten Schnee des Gipfels erreichen.

Die erste Anhöhe, die man erreichen muß, ist die der richtigen Lehre. Wandelt in Ehrfurcht vor dem Dharma, verabscheut alles, was dieses göttliche Gesetz verletzt. Bedenkt das Gesetz des Karma, das das Schicksal des Menschen nach seinen Verdiensten formt. Und seid Herr über eure Sinne.

Das zweite, was ihr erreichen müßt, ist die rechte Entschlossenheit. Seid guten Willens zu allem, was lebt, überwindet in euch alle Unfreundlichkeit, alle Gier und allen Zorn, so daß euer Leben vergeht wie ein sanfter Windhauch.

Das dritte, was ihr errreichen müßt, ist die rechte Rede. Hütet eure Lippen so, als wären sie die Tore eines Palastes, in dem ein König wohnt. Ruhig, schön und höflich sollen alle eure Worte sein; sie sollen von der Gegenwart des Königs künden.

Das vierte ist das rechte Betragen. Jede eurer Handlungen soll einen Fehler überwinden oder einer guten Eigenschaft wachsen helfen. Laßt eure Liebe durch gute Taten sichtbar werden, so wie ein Silberfaden sichtbar wird, wenn Kristallperlen an ihm aufgefädelt werden.

Und nach diesen vier kommen vier höhere Errungenschaften, die es dann noch zu erwerben gilt. Aber nur diejenigen können sich um sie bemühen, die ihre Anhänglichkeit an irdische Dinge überwunden haben. Diese höheren Errungenschaften sind die rechte Reinheit, das rechte Denken, die rechte Einsamkeit und die rechte Versenkung.

Breitet nicht eure Flügel aus, um der Sonne entgegenzufliegen, solange euch noch keine Federn gewachsen sind! Süß und sicher ist die Luft in jenem niedrigen Bereich, der euch bekannt ist. Nur starke Seelen verlassen das Nest das sie sich hier bereitet haben.

Ich weiß, köstlich ist die Liebe zu Frau und Kindern, vergnüglich ist das Zusammensein mit Freunden, und vergnüglich sind die Zeitvertreibe, mit denen ihr eure Jahre verbringt, vergnüglich und auch fruchtbar, denn so entstehen die edlen, guten Taten des Lebens, und doch hat die Angst ihren festen Platz darin, obwohl sie grundlos ist.

Ihr, die ihr in diesem Bereich leben müßt, baut eine goldene Stiege aus euren Schwächen, verweilt täglich bei den Gedanken der Lehre, und erhebt euch so zu immer höheren Ebenen der Wahrheit. So werdet ihr die lichten Höhen erklimmen und sehen, wie euch der Aufstieg immer leichter fällt, wie eure Sündenlast immer kleiner wird und euer Wille immer stärker, die

Bande der Sinne zu zerreißen und den Weg zu betreten.

Wer diesen Anfang macht, hat die erste Stufe erreicht. Er kennt die edlen Wahrheiten und den achtfachen Pfad, und in vielen oder auch in wenigen Schritten wird er das gesegnete Ziel des Nirvana erreichen.

Wer die zweite Stufe erreicht hat und von Zweifeln, Täuschungen und innerem Streben frei geworden ist und Herr all seiner Leidenschaften, der braucht keine Bücher mehr. Nur noch *ein* Leben hat er zu durchleben.

Danach kommt die dritte Stufe, wo der Geist des Menschen rein und klar geworden ist und sich dazu aufgeschwungen hat, alle Dinge im vollkommenen Frieden zu lieben. Für ihn ist das Leben zu Ende, das Gefängnis des Lebens hält ihn nicht mehr.

Aber es gibt auch die, die schon im irdischen Leben das höchste Ziel erreichen, die vierte Stufe. Das sind die Heiligen, die Buddhas, deren Seele nicht mehr befleckt ist. Ein solcher ist ein Krieger, der seine wilden Feinde erschlagen hat. Die zehn Sünden liegen entlang seines Weges im Staub. Die Selbstliebe, der falsche Glaube, der Zweifel, der Haß und die Lust – das sind die ersten fünf. Wer sie überwunden hat, hat den dritten der vier Zustände erreicht. Die fünf anderen Sünden sind die Liebe zum irdischen Le-

ben, der Wunsch nach dem Himmel, das Selbst-
lob, der Irrtum und der Stolz. Wer auf jenem be-
schneiten Gipfel steht, hat nichts mehr über
sich als das grenzenlose Blau, er hat auch die
letzten Sünden erschlagen und den Gipfel des
Nirvana erreicht.

Einen solchen Menschen beneiden die Götter,
denn sie stehen unterhalb von ihm, einen solchen Menschen würde es auch nicht erschüttern, wenn alle drei Welten zerstört würden.
Denn alles Leben ist für ihn gelebt, aller Tod ist
für ihn gestorben. Das Karma, die Frucht seiner
Taten, kann ihm keine neuen Häuser mehr bau-
en. Er strebt nach nichts, und doch erwirbt er
alles. Er hat sein Selbst überwunden, aber das
Universum als Ganzes wird zu seinem Ich.

Sollte einer sagen, das Nirvana ist ein Aufhören
oder ein Erlöschen, dann sagt ihm, daß er lügt.
Wenn aber einer lehrt, das Nirvana sei Leben,
dann sagt ihm, daß er irrt, denn er kennt es
nicht, und er weiß nicht, welches Licht erstrahlt, sobald die Lampe zerbrochen ist. Er
kennt nicht die vom Leben unabhängige
Glückseligkeit jenseits aller Zeit.

Geht den Weg! Nichts macht soviel Trauer wie
der Haß, kein Schmerz ist so arg wie der der Leidenschaft, kein Betrug so schlimm wie der der
Sinne. Geht den Weg! Denn schon wer eine einzige Sünde überwindet, hat viel erreicht. Geht

den Weg! Auf ihm entspringen die heiligen Quellen, die allen Durst löschen. Dort blühen die unsterblichen Blumen, die auf dem Lebensweg ein Teppich der Freude sind. Die schönsten Stunden sind dort zu finden und die, die am schnellsten vergehen.

Der Schatz des großen Gesetzes ist mehr wert als alle Edelsteine der Welt und süßer als jeder Honig. In seiner Schönheit ist er mit nichts zu vergleichen. Wenn ihr nach diesem Gesetz leben wollt, dann hört die folgenden fünf Regeln:

»Habt Mitleid und tötet nicht. Tötet auch nicht das geringste Wesen, das sich auf seinem Weg nach oben befindet.

Gebt freimütig und nehmt, was ihr erhaltet, aber nehmt nichts mit Gier, mit Gewalt oder durch Betrug, was einem anderen gehört.

Gebt kein falsches Zeugnis, verleumdet niemanden und lügt nicht. Die Wahrheit ist die Sprache der inneren Reinheit.

Verabscheut Drogen und Getränke, die eurem Geist schaden. Ein klarer Geist und ein reiner Körper brauchen keinen berauschenden Soma-Saft.

Berührt die Frau eures Nachbarn nicht. Begeht nicht die Sünden der Unzucht des Fleisches.«

Das sagte der Meister über die Pflichten, wie sie dem Vater, der Mutter, den Kindern, den Kameraden und den Freunden zukommen. Er lehrte daß die, die ihre Anhänglichkeit an die Ketten der Sinne nicht so schnell überwinden können, deren Füße zu schwach sind, den höheren Weg zu gehen, ihr irdisches Leben so in Ordnung halten sollen, daß ihre Tage hienieden ohne Tadel verlaufen und mit dem Vollbringen guter Taten und den ersten wahren Bekanntschaften mit dem achtfachen Pfad erfüllt sind. Jeder sollte in Reinheit leben, mit Ehrfurcht, Geduld und Mitleid, und alles, was lebt, so sehr lieben wie sich selbst. Denn alles Übel kommt aus dem Übel, das in der Vergangenheit getan wurde, und alles Gute kommt aus dem Guten, das man tut.

Sosehr sich also der Familienvater vom Egoismus frei macht und der Welt eine Hilfe ist, um so viel glücklicher wird er im nächsten Leben oder Lebensabschnitt sein und um so viel besser.

Folgendes ereignete sich, als der Meister noch in der Nähe von Rajagriha im Bambushain wandelte: Als er dort bei Tagesanbruch spazierenging, sah er, wie der Familienvater Singala nach dem Bad mit der bloßen Stirn die Erde berührte, sich vor dem Himmel und allen vier Windrichtungen verbeugte und dabei mit beiden Händen roten und weißen Reis verstreute. Da sagte der Meister: »Warum verneigst du dich auf diese Art, Bruder?«

Und dieser antwortete: »Unsere Väter haben uns gelehrt, dies jeden Morgen vor der Arbeit zu tun, großer Herr, um zu verhindern, daß das Übel vom hohen Himmel kommt oder von drunten von der Erde oder aus einer der vier Windrichtungen.«

Daraufhin sprach der Erhabene: »Verstreue keinen Reis, sondern gib allen deine liebevollen Gedanken und Handlungen: Gib sie deinen Eltern, die dem Osten entsprechen, in dem das Licht aufgeht; gib sie deinen Lehrern, die dem Süden entsprechen, aus dem die reichen Gaben zu uns kommen; gib sie deiner Frau und deinen Kindern, die dem Westen entsprechen, der am Ende eines jeden Tages in den Farben der Liebe und der Ruhe erglüht; und gib sie deinen Freunden und Verwandten und allen Menschen – sie entsprechen dem Norden. Gib sie den Geringsten der Kreaturen – sie entsprechen dem Unten –; und gib sie den Engeln und Heiligen und den gesegneten Toten – sie entsprechen dem Oben. So wird alles Übel ferngehalten aus allen Richtungen des Raumes.«

Den Seinen aber – denen, die die gelbe Robe trugen, die sich als erwachte Adler, das irdische Leben verachtend, aus dessen niedrigem Tal er-

heben und der Sonne entgegenfliegen –, sie
lehrte der Buddha die Dasa-Sil, die zehn geistigen Übungen, und er lehrte sie von den drei
Toren, von den dreifachen Gedanken und den
sechsfachen Zuständen des Geistes, von den
fünffachen Kräften, von den acht hohen Toren
der Reinheit, von den Arten des Verstehens
und von Iddhi und Upeksha.
Er lehrte sie die fünf großen Meditationen, die
süßer sind für die heilige Seele als der göttliche
Nektar Amrita. Er lehrte sie die Jhanas, die
drei großen Zufluchten. Und er sagte ihnen,
wie sie leben sollten, frei von den Fallstricken
von Liebe und Reichtum, was sie essen und
wie sie sich kleiden sollten, nämlich in drei
einfache gelbe Tücher, die so zusammenge-
näht sind, daß sie die Schulter frei lassen.
Außerdem sollten sie nichts als einen Gürtel,
eine Bettelschale und ein Sieb mit sich tragen.
So legte er den Grundstein der Sanha, jenes
edlen Ordens der gelben Robe, der bis heute der
Welt eine Hilfe ist.

*   *   *

So sprach er die ganze Nacht hindurch und
lehrte das Gesetz, und keiner schlief ein, denn
wer ihn hörte, freute sich an einer Freude, die
keine Möglichkeit kennt.

Als er zu Ende war, stand der König von seinem Thron auf, verneigte sich mit entblößten Füßen tief vor seinem Sohn, küßte den Saum seines Kleides und sagte: »Nimm mich, mein Sohn, als den allerniedrigsten in die Schar deiner Jünger auf.«

Und die schöne Yasodhara war von Freude erfüllt und rief: »Gib, o Gesegneter, deinem Sohn Rahula den Schatz des Königreiches deiner Lehre als Erbe.«

So kamen sie alle drei auf den Weg.

Hier endet, was ich schreibe, der ich den Meister liebe, für die Liebe, mit der er uns liebt. Das wenige, das ich weiß, habe ich erzählt, um den Meister und den Weg des Lebens zu schildern.

In den darauffolgenden fünfundvierzig Jahren verbreitete der Meister seine Lehre in vielen Ländern und in vielen Sprachen und gab damit dem asiatischen Kontinent ein Licht, das immer noch in Schönheit erstrahlt und das die Welt erobert mit dem Geist machtvoller Anmut. Dieses Licht geht von allem aus, was in den heiligen Büchern steht, von jedem Ort, in dem er sich aufgehalten hat, und von jedem seiner wunderbaren Worte, wie sie später von stolzen Kaisern in Felsen und Höhlen eingemeißelt wurden.

Der Buddha starb in reifem Alter, als ein Mensch unter Menschen. Er hatte seine Schuldigkeit wahrhaft erfüllt.

Viele Millionen Menschen sind seit damals den Weg gegangen, den er selbst gegangen ist, den Weg zum Nirvana, wo die Stille wohnt.

O gesegneter Herr, o holder Erlöser, vergib mir diese elende Kunde von Dir, die Dir soviel Unrecht tut, denn mit meinem kleinen Geist habe ich Deine hohe Liebe gemessen. O Bruder, Liebender, führe uns, sei Du die Laterne des Gesetzes!

Ich nehme meine Zuflucht in Deinem Namen und in Dich!

Ich nehme meine Zuflucht in Dein Gesetz des Guten!

Ich nehme meine Zuflucht in Deinem Orden!

Om!

Der Tautropfen ist auf dem Lotos, erhebe dich, o Sonne! Hebe mein Blatt auf und mache mich, den Tautropfen, eins mit dem großen Wasser.

Om mani padme hum – die Sonne geht auf: Der Tautropfen wird eins mit dem leuchtenden Meer!

Inhalt